厚德博學

經濟匡時

上海工程技术大学著作出版专项资助

匡时 商学文库

自媒体品牌社交
对品牌影响力的作用研究

肖 谦 著

Research on the Role of

Brand Socialization of Self Media

in Its Brand Influence

上海财经大学出版社
SHANGHAI UNIVERSITY OF FINANCE & ECONOMICS PRESS

上海学术·经济学出版中心

图书在版编目(CIP)数据

自媒体品牌社交对品牌影响力的作用研究/肖谦著 . —上海:上海财经大学出版社,2024.9
(匡时·商学文库)
ISBN 978-7-5642-4389-0 /F.4389

Ⅰ.①自⋯ Ⅱ.①肖⋯ Ⅲ.①网络营销-品牌营销-研究
Ⅳ.①F713.365.2

中国国家版本馆 CIP 数据核字(2024)第 096136 号

□ 策划编辑　陈　佶
□ 责任编辑　石兴凤
□ 封面设计　张克瑶

自媒体品牌社交对品牌影响力的作用研究

肖　谦　著

上海财经大学出版社出版发行
(上海市中山北一路 369 号　邮编 200083)
网　　址:http://www.sufep.com
电子邮箱:webmaster@sufep.com
全国新华书店经销
上海华业装潢印刷厂有限公司印刷装订
2024 年 9 月第 1 版　2024 年 9 月第 1 次印刷

710mm×1000mm　1/16　12.25 印张(插页:2)　176 千字
定价:68.00 元

前　言

在大数据和数字经济时代背景下,自媒体正在颠覆传统媒体行业,改变着传统的营销方式。自媒体以其传播速度快、范围广、技术新等特点,快速进入品牌营销领域,并不断创造品牌营销奇迹。在我国,自媒体发展主要分为四个阶段:2009 年新浪微博上线,引发社交平台自媒体风潮;2012 年微信公众号上线,自媒体开始向移动端发展;2012-2014 年门户网站、视频、电商平台等纷纷涉足自媒体领域,逐渐进入多元化发展阶段;2015 年至今,直播、短视频等形式成为自媒体内容创业新热点。随着 5G 时代的到来,可以预见,自媒体将在品牌社交和营销推广领域迸发出更加巨大的发展潜力,体现更大的品牌价值。

本书基于消费者视角,以微信公众号为例,对自媒体的品牌社交与影响力的关系进行研究。本书在借鉴国内外研究成果的基础上将社会学中公域和私域的分类引入自媒体品牌营销领域,将传播学中多渠道传播的思想融入自媒体品牌传播领域,指出自媒体的品牌社交是以品牌个性为基础,以打造自媒体品牌为目的,通过满足消费者对品牌的信任,提高自媒体的传播力、忠诚度和盈利能力,进而提升品牌影响力的行为过程。因此,本书以使用与满足理论为理论基础,构建了品牌社交对品牌影响力作用的结构模型,并分析其作用路径。本书运用“理论研究—模型构建—实证研究”的规范方法,主要探讨五大核心问题:自媒体的品牌特征和社交特征、品牌社交的维度、品牌影响力的维度、品牌社交对品牌影响力的作用机制、“品牌社交—品牌信任—品牌影响力”的模型构建以及模型验证。针对上述研究重点,本书运用了文献研究法、扎根理论研究法、问卷调查法和实证检验法等进行研究。

本书分为三个部分进行阐述。

第一部分是文献综述。这部分内容从最初的概念入手,进而分析相关学者的研究成果,从文献中找到本书的逻辑支撑,并分两个层次进行阐述。第一层次是对品牌的相关文献进行研究。首先,对品牌的定义和特征进行了分析和比较,发现微信公众号无论作为企业运营还是个人运营,都具有独一无二的名称,有自己识别性的标志,符合品牌的识别性特征。微信公众号描述了消费者与公众号运营者建立互动关系时的全部体验,符合品牌的承诺性特征;微信公众号形成的个人品牌以个人为传播载体,具有鲜明的个性和情感特征,符合品牌的沟通性特征;微信公众号具有自己的专业运营范畴,打造的文章也具有较强的阅读价值和商业价值,符合品牌的价值性特征。其次,通过分析社交的定义和特征,发现微信公众号的交往通过点赞、评论、打赏、转发等形式进行,充分满足交往双方达成平等、自由、共享的特征,符合社交的基本属性。最后是对品牌相关文献进行综述,分析了传统品牌的影响力和自媒体品牌的影响力的差异、品牌信任与品牌忠诚度的相互作用及各自对品牌影响力的作用。这部分内容有力地支撑了本书的研究框架并提供了理论依据。第二层次是梳理与自媒体相关的理论与文献,包括对自媒体的研究现状、内容营销和传播渠道的文献,并对比分析了其他主流自媒体的研究方向和内容。本书通过文献综述,找到自媒体品牌社交和品牌影响力的研究缺口,厘清了本书研究的逻辑,初步构建了品牌影响力的三个维度,即品牌传播力、品牌忠诚度和品牌盈利能力。

第二部分是进行模型的构建并提出研究假设。在这个部分的研究中,首先基于扎根理论研究对品牌社交及品牌影响力进行了分析。通过对营销从业人员、微信公众号运营人员、微信公众号普通读者和消费者进行的深度访谈,从发散到集中,收集了 4 万字的语音和文字材料后,遵循开放编码、轴心式编码和选择性编码的程序,最终凝练出 104 个初始概念、25 个初始范畴。本书结合研究主题,对主范畴进行确定,最终形成 5

个主范畴,包括内容社交、渠道社交、拟人化社交、品牌影响力和品牌信任,以及 11 个副范畴,包括内容质量、内容体验、内容互动、公域社交、私域社交、个性社交、社群社交、品牌传播力、品牌忠诚度、品牌盈利能力和品牌信任。其次,综合文献研究在扎根理论研究的基础上进行了"品牌社交—品牌信任—品牌影响力"的模型构建。为了更好地揭示品牌影响力三个维度的作用,模型将内容社交、渠道社交和拟人化社交作为自变量,将品牌影响力的三个维度即品牌传播力、品牌忠诚度、品牌盈利能力作为因变量,将品牌信任作为中介变量,将性别和年龄作为调节变量,更好地探讨内容社交、渠道社交和拟人化社交对品牌影响力三个维度的影响,并提出了 33 个研究假设。最后探讨了本书的研究方法,对调查问卷进行了设计,并进行了变量选取和变量观测,针对本书的研究模型,选择了结构方程模型的分析方法,运用了 SPSS 和 AMOS 软件作为分析工具。

第三部分是模型检验。通过问卷星软件收集了 305 份问卷,并得到有效问卷 277 份,将内容社交、渠道社交、拟人化社交、品牌信任、品牌传播力、品牌忠诚度和品牌盈利能力作为 7 个因子,通过 SPSS 对这些因子做了信度、效度检验和验证性因子分析。结果表明,7 个因子均显示良好的信度和效度;在进行验证性因子分析时,所有因子均在标准值以上。为了更好地验证变量之间的关系,本书运用了结构方程模型和 AMOS 软件来进行检验,检验结果显示 24 个研究假设通过验证、5 个研究假设部分通过验证。结果表明,品牌社交的三个维度即内容社交、渠道社交和拟人化社交不同程度地影响了品牌影响力的三个维度,即品牌传播力、品牌忠诚度和品牌盈利能力,品牌信任起中介作用。本书在进行调节效应检验时发现,在内容社交对品牌忠诚度影响方面,性别会产生显著的调节效应;在渠道社交对品牌传播力影响方面,年龄会产生显著的调节效应;而在其他情况下,性别、年龄在自变量对因变量的影响中均不起调节作用。

本书研究了自媒体的品牌社交对品牌影响力的作用,初步构建了品牌社交的维度,拓宽了品牌理论和社交理论交叉研究的边界,为品牌社交后续的研究奠定了良好的基础。本书构建了自媒体的品牌影响力维度,

验证了自媒体的品牌传播力、品牌忠诚度和品牌盈利能力在不同程度上
受到自媒体自身品牌社交三个维度的影响,这对于自媒体研究中相关维
度的界定有一定的参考意义,对于后续研究自媒体的社交行为有一定的
借鉴作用。本书发现品牌信任的中介作用,说明自媒体网络环境中的信
任无论是对于企业还是消费者都同样重要。在内容社交时,对性别进行
针对性的创作也很有必要,因为性别会对品牌的忠诚度产生不一样的作
用;而在进行渠道传播时,可以关注受众的年龄,有针对性地进行传播。

　　本书的研究成果对于政府部门提高公信力、加快信用体系建设以及
利用公域传播来提高政府的影响力有着一定的社会价值,此外,对于自媒
体行业打造"头部效应"和打通自媒体的品牌社交通道有一定的建设性意
义。研究自媒体的品牌社交,有助于提高自媒体创业者们和社交电商们
的品牌社交绩效,帮助自媒体进行社交流量拓展,扩大其影响力,实现自
媒体品牌的盈利。

目　录

第一章 绪 论

第一节 研究背景和问题

一、研究背景

自媒体是指普通大众经由数字科技强化与全球知识体系相连之后，一种开始理解普通大众如何提供与分享他们本身的事实和新闻的途径（Shayne Bowman Chris Willis，2003）。我国目前自媒体主要平台有微信公众号、头条号、微博、百家号、搜狐号、企业号等。据统计，各类自媒体号总注册数约为 3 155 万，其中，微信公众号以超 2 000 万的注册数，占据整个市场超六成份额（中国信通院，2020）。疫情之下，其社交影响力越来越大，社交关系也在裂变和延伸，微信公众号的品牌价值也越来越大（李馨雨，2017）。

本书基于消费者视角，以微信公众号为例，研究自媒体的品牌社交对品牌影响力的作用。在这个信息渠道传播高度发达的时代，微信公众号通过个人对组织或组织对组织的方式，以多渠道的传播信息的方式影响着这个时代（胡小清等，2018）。2021 年，"微信之夜"的数据显示，现在每天有 10.9 亿人打开微信，其中，有 3.6 亿用户读公众号文章，7.8 亿人进入朋友圈，1.2 亿用户发朋友圈（掌上春城，2021）。微信生态圈在疫情防控期间表现出巨大的韧性和强大的就业号召力,公众号的社交能力不断地延伸和裂变,加上社交电商的崛起和发展(中国信通院,2020),公众号越来越具备影响力。

(一)品牌社交的关注和研究

品牌在消费者社交日常中的存在感日益增强,人们对品牌也越发重视。品牌在消费者社交中日益凸显的作用是品牌未来发展的趋势,品牌的社交功能越来越重要(彭瑾,2018)。社会网络的形成机制,对人类现实行为产生的影响,如对人类的亲密关系、情绪、经济的运行、健康、政治的影响等,尤其是社会化网络中具有的强连接原则是三度影响力,也就是说,你的朋友的朋友的朋友也能对你产生影响力(尼古拉斯·克里斯塔基斯,2013)。人们所能知晓的一切社交领域正成为各大品牌竞相争取的新营销领域(许颖丽,2016)。以星巴克公司为例,移动社交媒体的虚拟品牌社区价值共创引导机制阐释了企业如何引导价值共创。使用价值、共同生产和共创绩效是价值共创的三个维度,消费需求刺激、强势品牌传播、接地气的消费者关怀、O2O体验、平台互动、消费者契合和纽带强化是7个引导机制(王晓武等,2018)。

企业通过社交媒体发布展示品牌善意或能力的信息,能够显著提升消费者的信息传播意愿。当消费者使用社交媒体的目标为社交导向时,相对于与展示品牌能力的信息,企业通过社交媒体发布展示品牌善意的信息能够导致消费者产生更高的信息传播意愿(朱丽娅等,2020),在线交流也能向他人提供物质和情感的支持。相互认识的人们、亲戚、朋友、同事或最近认识的朋友之间会产生大多数的在线交流。这些关系通过朋友圈的在线交流得到了强化,有力地补充了面对面的交流所不能达到的效果(聂磊,2013)。微信公众号具备社交功能,其自身也具备天然的品牌效应(任重,2016),品牌的社交行为开始获得学者们的关注,研究品牌社交有益于理论边界的拓宽。

(二)自媒体影响力的扩大和延伸

自媒体的核心是基于普通市民对于信息的自主提供与分享(邓新民,

2006)。有学者生动地将这种特征概括为"全民DIY",即产品或内容由自己动手制作,产品和内容的产出不受专业限制,每个人都有生产的自由,每个人都可以产出一份充分表达自我的"产品"(喻国民,2006)。在世界自媒体的发展史上,有两件事具有划时代的意义:一件事是1998年德拉吉在他的博网上第一个报道克林顿和莱温斯基的绯闻,向传统的和新兴的主流媒体发出了挑战;另一件事就是2001年的"9·11"事件,最真实、最生动的事件描述不在各个主流媒体,而在那些幸存者的博客日志中;对事情最深刻的反思与讨论,也不是出自哪一个著名记者手中,而是在诸多博客当中(邓新民,2006)。

自媒体的典型代表微信也越来越多地发挥其影响力。中国职场社交与招聘平台脉脉旗下的脉脉数据研究院最新提供的数据显示,与微信生态相关的就业岗位前四的岗位中有三个与微信公众号息息相关(中国信通院,2020)。2019年,微信带动就业约2 900万个以上,其中直接就业机会高达2 600万个,同比增长16%,间接带动就业岗位达362万个(中国信通院,2020)。微信公众号已经是一个很好的适合大众的就业项目。研究微信公众号可以更好地发挥自媒体在运营中的作用与优势,具有较好的实践价值。

(三)社交关系的裂变和发展

有了微信这个平台以后,虽然消费者的行为和品牌的传播方式都在发生变化,但不变的是品牌始终为消费者创造价值(杨震等,2018)。微信改变了人们获取信息的方式,信息的传播渠道也发生了很大的变化,人们接收信息的时间碎片化,人与人之间形成朋友圈(唐晶晶,2015),社交关系也发生了裂变和延伸,并由大数据精准推送技术助力(曹钰枫,2018),社交和消费再也不受时空的限制。

传统电商在目前的电商运营环境中已经失去了先前的优势,而且发展新客户的成本越来越高(戴永,2005)。移动社交的发展凸显了其流量价值,社交融合电商极大地降低了引流成本(唐晶晶,2016)。社交电商的行业规模得到极大提高。社交电商中的拼购、会员和社区都是引导客户自主传播,以朋友圈等强社交关系的熟人网络为基础,通过价格优惠、分销奖励等方式来发展新客户。内容类社交电商则起源于弱社交关系下的社交社区,通过优质内容与商品形成协同,吸引用户购买(李思慧等,2020)。影响社交电子商务互动的四个因素,主要包括两个维度,即信息交互维度和人际互动维度。用户生成内容的质量高低和内容产生的个性化影响了信息交互,响应性和社会性影响了人际互动(陈倩月等,2016)。社交电商开始崛起和繁荣,信息交互和人际互动的重要性已经显现。

　　由此可见,在这样的大背景下,无论是理论的研究还是实践的应用,对品牌社交的研究都很有必要。

二、研究问题

　　自媒体所依托的数字技术的广泛应用使得企业品牌的宣传变得越来越容易,企业再也不用为品牌的推广而犯愁(李思慧等,2020),用户在自媒体时代下接触的信息也越来越多元化(彭巍然等,2014)。樊登每周在微信公众号上读一本书,让他成为读书领域的知识专家,再反向发展产品,于是有了幼儿绘图馆、樊登小读者之家(王立智,2020)。自媒体的成功运作,使得自媒体的代表微信公众号也有很大的发展空间,现在每个微信公众号都有清晰的估值和市场价值。如清博指数中的微信公众号传播指数清晰地从"整体传播力""篇均传播力""头条传播力""峰值传播力"四个维度进行评价,根据历史数据模型,优化指标权重,对微信公众号进行了估值和价值排名(张桃,2017)。

　　目前对于微信公众号营销的研究,综合来看,主要涵盖以下四个方面:一是针对微信公众号在传播学角度的应用研究(张彬,2008;代玉梅,2011;宋全成,2015);二是大数据背景下微信公众号的营销策略,主要研究关于数据挖掘对微信公众号营销的作用(潘祥辉,2011;于建嵘,2013;沈正赋等,2016);三是研究微信公众号的营销策略对其购买意愿的影响(吕杰等,2013;吴超等、张潇潇,2017);四是关于微信平台本身的研究(彭巍然、张弥弭,2014;陈宪奎等,2015)。在对文献资料进行研究时,微信公众号自身的品牌社交的研究并不多见,其维度划分以及微信公众号的品牌影响力的测量研究也不多见。

微信公众号在现实生活中发挥着巨大的功能,理论研究却并不多见其品牌社交和其品牌影响力维度的划分,那么微信公众号作为自媒体,到底是如何建立自己的品牌的? 品牌可以社交吗? 品牌的拟人化功能如何量化? 在发挥品牌社交的功能时,到底是哪些因素在影响品牌社交? 如果要讨论品牌社交,那么我们讨论什么? 品牌社交可以被感知和量化吗? 品牌社交在公众号中具备怎样的品牌价值,品牌影响力在目前的社交平台或社交电商平台上发挥着什么样的作用? 微信公众号的品牌社交如何通过微信特有的平台来影响品牌影响力? 有什么调节或中间变量在起作用吗?

本书以微信公众号为例,研究自媒体如何运用自身的品牌社交来进行品牌影响力的作用,包括在内容社交、渠道社交和拟人化社交中如何对品牌传播力、品牌忠诚度和盈利能力产生作用和影响,基于使用与满足理论,厘清品牌在未来如何拓展品牌传播力、打造品牌忠诚度以及如何运用社交扩大品牌盈利能力。

第二节 研究内容和方法

一、研究内容

本书运用了"理论研究—模型构建—实证研究"的规范方法,主要探讨了五大核心内容:自媒体的品牌特征和社交特征、品牌社交的维度、品牌影响力的维度、品牌社交对品牌影响力的作用机制、"品牌社交—品牌信任—品牌影响力"的模型构建以及模型验证。

(一)自媒体微信公众号的品牌特征和社交特征

针对这部分核心内容,本书主要在文献综述阶段和扎根理论研究阶段进行。第一是文献综述阶段。文献综述部分从最初的概念入手,进而分析学者的研究成果,从文献中找到本书的逻辑支撑。文献综述分两个层次进行了阐述。第一个层次是对品牌的相关文献进行研究。首先,对品牌的定义和特征进行了分析和比较,发现微信公众号无论作为企业运营还是个人运营,都具有独一无二的名称,有自己识别性的标志,符合品牌的识别性特征。微信公众号描述了消费者与公众号运营者建立互动关系时的全部体验,符合品牌的承诺性特征;微信公众号形成的个人品牌是以个人为传播载体,具有鲜明的个性和情感特征,符合品牌的沟通性特征;微信公众号具有自己的专业运营范畴,打造的文章也具有较强的阅读价值和商业价值,符合品牌的价值性特征。其次,通过分析社交的定义和特征,发现微信公众号的交往通过点赞、评论、打赏、转发等形式进行,充分满足交往双方达成平等、自由、共享的特征,符合社交的基本属性。最后对品牌的相关文献进行了综述,分析了传统品牌的影响力和自媒体品牌的影响力的差异、品牌信任和品牌忠诚度的相互作用研究及各自对品牌影响力的作用。第二个层次是梳理与自媒体相关的理论和文献,包括对自媒体的研究现状、内容营销和传播渠道的文献,并对比分析了其他主流自媒体的研究方向和内容。本书通过文献综述,找到了自媒体品牌社交和品牌影响力的研究缺口,厘清了本书研究的逻辑,初步构建了品牌影响力的三个维度,即品牌传播力、品牌忠诚度和品牌盈利能力。

(二)品牌社交对品牌影响力的作用机制

针对这部分核心内容,本书首先运用了扎根理论进行分析。在这个阶段的研究中,首先进行了基于扎根理论对品牌社交及其影响力的研究。本书通过对营销从业人员、微信公众号运营人员、微信公众号普通读者和消费者进行深度访谈,从发散到集中,收集语音和文字材料后,再遵循开放编码、轴心式编码和选择性编码的程序,最终凝练出初始概念和初始范畴,结合研究主题,对主范畴进行确定,最终形成主范畴和副范畴。接着,本书就 3 个自变量、3 个因变量、1 个中介变量以及 2 个调节变量进行了"品牌社交—品牌信任—品牌影响力"的模型构建并提出研究假设。同时,为了更好地验证本书的模型,本书进行了问卷设计,并通过变量选取和测量,得到自变量、因变量和中介变量。最后运用 AMOS 软件进行模型的检验,得到品牌社交和品牌影响力的维度划分并验证了品牌社交对品牌影响力的作用机制。

具体研究路径如图 1—1 所示。

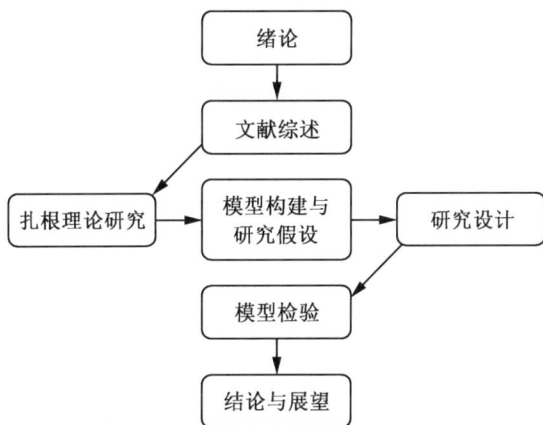

图 1—1 品牌社交对品牌影响力的作用研究路径

二、研究方法

(一)文献研究法

本书主要通过梳理文献找到研究的理论支撑,研究品牌的定义和社交的定义,发现微信公众号的品牌属性和社交属性及自媒体品牌影响力的三个维度,同时在梳理文献时发现了自媒体品牌研究方向的缺口和本书研究的价值。在设计问卷和量表时,本书通过查找文献,从中找到可以借鉴内容社交、渠道社交和品牌拟人化社交的维度和量表。

(二)扎根理论研究法

本书通过对自媒体微信公众号的运营者、管理学和经济学等专业从业人员和研究人员进行深度访谈,得到原始访谈数据,再运用扎根理论研究法,进行一次编码、轴心式编码和选择性编码,初步构建得出了微信公众号的品牌社交由内容社交、渠道社交和品牌拟人化社交三部分组成,同时得出微信公众号的品牌价值由品牌传播力、品牌忠诚度和品牌的盈利能力来决定。

(三)问卷调查法

本书针对自媒体微信公众号的品牌社交对其品牌影响力的作用模型和研究假设,在借鉴前人的相关量表设计的基础上,设计了《微信公众号的品牌社交对其品牌影响力的作用研究调查问卷》,运用李克特5级测量量表对变量进行测量,通过问卷星进行网上调查问卷的预调研和正式调研,通过问卷的发放和回收,选择有效的问卷,为数据收集和分析工作做好准备。

(四)定量研究法

本书运用结构方程构建模型,并提出相关研究假设,通过问卷研究收集到有效样本,运用 SPSS 软件对问卷数据进行了描述性统计分析,包括受访者的基本人口信息统计等,接着通过 SPSS 对变量进行了信度、效度和验证性因子分析。本书运用 AMOS 对模型和假设进行了验证,对结构方程模型的路径效应分别进行了验证,并分析了研究假设的通过情况。

第三节　研究意义和创新

一、研究意义

(一)理论意义

1. 分析了自媒体微信公众号具备品牌和社交的属性

目前东西方品牌营销的研究越来越多地涉及社交媒体、新媒体和自媒体,相关的研究正处于迅猛发展的阶段。其中,关于自媒体营销的研究现已成为营销学、传播学等相关学科关注的热门领域(Lamberton 等,2016)。我国学术界虽然已经观察到这一趋势,但是大多数文献仅仅停留在西方相关社交媒体研究理论的综述和评论阶段,或者是基于社交媒体的品牌营销研究,还未就自媒体的社交现象进行深入研究。本书基于上述思考,分析了自媒体微信公众号具有的品牌属性和社交属性,这为后续的研究打下基础。

2. 构建了品牌社交的维度

目前以科技网络为载体的自媒体的传播途径研究也不少,传播学相关的使用与满足理论也在自媒体的品牌营销和社交理论中起着重要的推动作用。伴随着人们对自媒体使用的依赖和行为的变化,研究自媒体自身的品牌社交显得很有意义。目前的文献研究更多关注社交媒体如何发挥渠道的作用,引领营销新方向。学术界对社交媒体中社交模式的研究仅在社会学和心理学中关于人际交往的理论中谈及,传播学范畴内对社交媒体中社交模式的探讨更加少,也少有人研究品牌与社交的有机结合,更缺乏对微信公众号品牌社交的深入研究。本书基于文献研究和扎根理论研究,构建了品牌社交的三个维度。

3. 构建了品牌影响力的维度

目前国内研究微信公众号品牌力的文章并不多见,研究微博影响力的文章倒有很多,关注的重点基于微博的行业应用,包括下列几项:高校或政务机关的微博影响力作用机制研究;影视行业等传播途径上微博影响力的作用研究;基于旅游等产业的微博影响力评价机制研究;等等。这些研究的关注点在于微博官微传播力,但缺乏更多的维度讨论。本书通过对比,分析了微博、Facebook、Twitter 等的文献,构建了微信公众号的品牌力维度。

4. 探究了自媒体的品牌社交与品牌影响力的关系

目前学者研究品牌社交的很少,研究自媒体品牌影响力的也不多见,研究自媒体品牌社交与品牌影响力的关系更不多见。本书基于对品牌和社交基本概念的分析,综合了社会学、心理学和传播学,将其应用到品牌的营销中。本书依托文献研究和扎根理论,基于使用与满足理论,构建了结构方程模型,并运用实证研究方法,探究了品牌社交和品牌影响力的关系。

（二）现实意义

1.有助于提升政府公共窗口的影响力

政府公信力是政府通过自身行为获取公众信任、拥护和支持的一种能力。重塑政府公信力的根本是要提高民众对政府所提供各种服务的满意程度和认可程度。现在微信公众号已经成了各级政府部门为民办事的窗口，经营这些官方公众号也需要正确地对公众号进行品牌社交。在提高政府公信力和办事能力的途径中，提高内容质量、加强内容互动、增强内容体验，多渠道齐下，打造符合政府部门特点的个性化社交是有力的措施。研究自媒体的品牌社交对于提升政府公共窗口的影响力有着较好的现实意义。

2.有助于打通自媒体行业的品牌社交通道

对于自媒体行业来说，平台未来只有打通社交和支付功能，在内容生态领域形成闭环，才能领先于其他平台。自媒体的迅速发展使"社交＋电商"的新模式茁壮成长。以拼多多为例，它自身的社交属性在品牌传播中有着天然的优势，借助社交媒体引流，不断拉新用户，实现了用户裂变式增长。各电商纷纷发现了社交的优势，其容易传播的特征被电商们广泛应用，将流量引进来，实现盈利能力。本书在研究影响力的时候充分考虑到微信的流量变现特征，将其在品牌盈利能力中得以体现。自媒体行业只有充分利用好品牌社交，才能更好地提升其品牌影响力，发挥"头部效应"。

3.有助于打造自媒体的品牌影响力

自媒体在现实生活中和网络中都开始变得无可替代，具有用户数量极大、交流方式多样化、人口覆盖范围极广等特点。如果微信公众号能增强内容社交，提高内容生产和输出的质量，提高阅读者的体验并保持与阅读者良性的互动，其品牌传播力、品牌忠诚度和品牌的盈利能力将会得到极大提高。自媒体如果能进行多渠道营销，把公众号建设成一个品牌，加强其个性的社交行为和社群活动的多元化，未来的自媒体营销及自我价值创造等作用则将会得到更好的发挥，平台的品牌影响力研究将具有更重要的现实意义。

二、研究创新

本书的创新点主要包括以下三个部分：

(一)探索关系,思路有创新

本书构建了品牌社交的维度,即内容社交、渠道社交和拟人化社交,以及自媒体的品牌影响力维度,即品牌传播力、品牌忠诚度和品牌盈利能力,同时运用规范的研究方法对这几个维度进行测量和分析,并进行相应的量表设计,科学地构建了自媒体品牌社交和品牌影响力的维度,在此基础上探索品牌社交与品牌影响力的关系,提出了新的研究思路,构建了结构方程模型,提出研究假设,最后运用实证方法检验了模型。

(二)界定属性,方法有创新

本书除了文献梳理以外,还运用扎根理论的研究方法,对自媒体的品牌属性和社交属性进行了界定,并对品牌社交和品牌影响力的维度进行了初步划分。将品牌的定义与微信公众号进行匹配,发现微信公众号具有独一无二的名称,有自己的识别性的标志;创作的文章也具有较强的识别性,内容、风格、受众也相对统一,在运营时会为了避免同质化而把自己塑造的与众不同,具备品牌的特征。另外,微信公众号的交往通过点赞、评论、打赏、转发等形式进行,充分满足交往双方达成平等、自由、共享的特征,符合社交的基本属性。

(三)关注热点,实践有创新

本书基于使用和满足理论构建了品牌社交和品牌影响力的关系模型,经过实证检验,发现内容社交、渠道社交和拟人化社交通过品牌信任来影响品牌传播力、品牌忠诚度和品牌盈利能力,性别和年龄会起到调节作用。这一发现无论是对于政府的公信力、信任体系的建设还是对于自媒体行业和运营者提高品牌影响力都有着较强的实践指导意义。年龄在渠道社交和品牌传播力之间以及性别在内容社交和品牌忠诚度之间的调节作用对于自媒体运营者们细分市场、指导实践有着较强的实用价值。

第二章　文献综述

本章内容从概念入手,分析学者的研究成果,从文献中找到本书的逻辑支撑,并分两个层次进行了阐述:第一个层次是关于概念与定义的相关描述,第二个层次是梳理与自媒体相关的理论和文献研究,最后对文献进行小结并提出了本书的理论逻辑。

第一节　与品牌社交相关的文献综述

本节主要研究品牌与社交的相关文献,明晰自媒体属于品牌和社交的属性,梳理关于品牌影响力、品牌信任度和品牌忠诚度的文献,明确其与品牌社交的相关性,初步形成品牌社交的理论逻辑,构建自媒体的品牌社交和品牌影响力的理论维度。

一、与品牌相关的文献综述

(一)品牌的定义与特征综述

品牌是用于识别一个或一群产品或劳务的名称、术语、象征、记号或设计及其组合,以与其他竞争者的产品或劳动相区别(AMA,1960)。品牌就是一个名字、称谓、符号或者设计,或是上述总和,其目的是让自己的产品或者服务有别于其他竞争者(Kotler,1967)。品牌成为消费者与产品生产者之间的一种纽带、契约和承诺,是生产者对产品品质的保证

(Keller,1993)。品牌是产品的标牌,既是产品制造者对某一产品特有的名字和称谓设计,又是产品销售者对该产品推广促销的凭借,更是产品消费者对产品消费意愿做出取舍选择的辨析参照(王延峰等,2008)。品牌也是一种无形资产,其载体是特定名称、形体、颜色、包装等及其组合,这是与其他竞争者的产品或劳务有所区别的地方,这些标志在消费者心目中形成了与产品特色、利益和服务相关的质量承诺(韩光军,1997)。

关于品牌的定义和功能,不同学者在不同的历史时期有着不同的观点,但归纳起来看,品牌具备以下特征和功能:(1)品牌具有识别功能,其产品和服务可以用来与其他竞争对手区分开来,具有标志性的特征(Kotler,1967);(2)品牌具有承诺功能,品牌中的顾客承诺是一种顾客对特定服务企业情感性的依恋和对转换服务企业的利益与成本的认知,也是一种继续使用特定企业服务的义务感知,是对消费者的承诺和保证,具有承诺性的特征(梁威,2008);(3)品牌具有沟通功能,是消费者与生产者沟通的桥梁,是消费者对各种象征符号有机结合的一种认可,也是消费者对产品或服务处理的信息来源(韩光军,1997);(4)品牌具有价值功能,是无形资产,而强势品牌的资产包括品牌知名度、对该品牌品质的肯定、品牌忠诚度和品牌的联想(Aaker,1997)。

对于公司而言,强势品牌能维持较高的产品价位、有强大的融资能力、抵御竞争对手的攻击、持续不断地为公司创造利润、增加公司价值等(邵红艳,2002)。对于消费者而言,品牌能够简化消费者的购买决策、保证产品质量、降低购买风险并最终使消费者产生信任和忠诚等(丁夏齐等,2004)。此外,品牌对于广告、渠道等营销要素的效果也具有决定性作用(Keller等,1993,2001)。

由上可知,品牌具有识别性、承诺性、沟通性和价值性的特征(林恩·阿普绍,1999)。

(二)自媒体的品牌特征

以微信公众号为代表的自媒体也具备了个人品牌的特征。微信公众号的个人品牌就是一种信任的标记,可以延伸出去,成为一种有力的联系体验(汤姆·彼得斯,2004);微信公众号形成的个人品牌是以个人为传播载体,具有鲜明的个性和情感特征,符合大众的消费心理或审美需求,能被社会广泛接受并长期认同,可转化为商业价值的一种社会注意力资源。同时个人品牌具有独享性、关联性和可靠性三种突出的特征(徐浩然,2007)。微信公众号的运营者在工作中显示出的个人价值,就像企业品牌、产品品牌一样拥有知名度、信誉度和忠诚度(宋新宇,2012)。

总结各学者对企业品牌和个人品牌定义的不同观点,微信公众号的品牌概念的界定可以通过以下方面理解:(1)微信公众号的品牌载体是具有鲜明个性和情感特征的企业或个人,能被社会广泛认可(徐浩然,2007);(2)微信公众号的品牌较强地依赖消费者持有的印象或情感,比以往的任何品牌都强调与消费者的互动,描述了消费者与公众号运营者建立互动关系时的全部体验(Mcnally 等,2003);(3)微信公众号的品牌形象是通过企业或个人的内容输出、渠道传播,从而体现运营者的形象与内涵,有机结合形成的整体(菲利普·科特勒,2007)。

由上可知,根据定义,品牌具有唯一性和排他性的特征(何建民,2001)。它是唯一的,品牌之间需要避免重复和雷同;它又是排他的,与同类品牌既是并列关系又是竞争关系。微信公众号无论是作为企业运营还是个人运营,都具有独一无二的名称,有自己识别性的标志(Kotler,1967),符合品牌的识别性特征;微信公众号描述了消费者与公众号运营者建立互动关系时的全部体验,符合品牌的承诺性特征;微信公众号形成的个人品牌是以个人为传播载体,具有鲜明的个性和情感特征,符合品牌的沟通性特征;微信公众号具有自己的专业运营范畴,打造的文章也具有较强的阅读价值和商业价值,符合品牌的价值性特征;微信公众号具备了品牌的所有特征。

(三)品牌影响力

提到品牌影响力,不可避免地会联想到品牌资产。学界对品牌资产(Aaker 等,1996;Erdem 等,1998;Jalkanen 等,2011;关辉国等,2018)的研究较多,资产价值说延续了品牌就是企业无形资产的理论。"品牌资产"一词的关键在于"资产",它是一种无形资产。因此,品牌除本身具有可以估值的经济价值之外,还可为其带来稳定的超额收益,是企业创造经济价值不可缺少的一种资源。"品牌资产"一词表明,品牌是企业无形资产的重要组成部分(Longwell 等,1994)。尤其是在社会化媒介营销活动中,基于品牌资产的研究发现,品牌成熟度差异对企业的品牌资产增值有着调节效应(王爽等,2014)。此外,随着顾客公民行为的自发形成、顾客对品牌忠诚度的提高,价值共创(Value Co-creation)这个概念开始被学者和企业关注。价值共创是指企业和顾客共同参与产品设计研发等,共同创造品牌的价值。消费者积极参与到品牌社区与厂商进行价值共创,进而影响品牌资产(关辉国等,2018)。

品牌影响力是指品牌为了保持长久的竞争优势而进行的系列行为,这些行为与企业客户、销售渠道相关(Shocker 等,1994)。品牌影响力也可以被视作一种品牌资产(王齐国,2009),或者影响消费者的购买决策的能力(邝红艳,2002)。品牌影响力未来的市场价值同样视作品牌资产的一种(罗磊等,2005),品牌影响力与品牌资产密切相关。

品牌影响力是一种无形资产(Keller,2001;李莎莎等,2010),虽然这个资产看不见也摸不着,但实实在在地影响着品牌的地位和其存世的姿态(Aaker 等,1996)。创业公司的品牌影响力往往会被其创业故事所影响(周鸿一,2006),其创业精神和财富积累的故事也会帮助企业形成其品牌影响力。企业创立的时间长短也会影响其品牌影响力,因为在通常的认知中,创办时间长的企业具有稳定的产品结构和供应链组成(李云鹤,2011),是值得信任和忠诚的,而品牌忠诚是品牌影响力的核心指标(Gounaris,2004)。现在每天互联网都能产生 1 万个左右企业,这些林林总总的企业只有发挥其品牌影响力才能让品牌被消费者看到、关注到,从而产生购买意愿(Anderson,1991)。当微信公众号将品牌的社交功能发挥出来并产生巨大的影响力时,它可以从各个领域辐射出其影响力(吴中堂等,2015),从而影响微信公众号的阅读量和流量变现(陈姣姣,2017)。

因此,品牌影响力是指品牌开拓市场、占领市场并获得利润的能力。

品牌影响力是长远的、恒久的、存世的(张勤耘,2002)。提到一个品牌的影响力,我们不会只说这个品牌今年有没有影响力,也不会只关注这个品牌有没有 10 年的影响力,而是会对这个品牌产生长远的品牌影响力有期待。品牌价值在企业市场竞争力方面具有重要的地位和作用,因此可以通过做好规划、关注需求、重视品牌创新等方面进行品牌价值提升(范二平,2013)。

　　既然品牌影响力也是品牌资产的一种,品牌影响力的评价指标也是众多学者研究的方向。传统的品牌影响力的评价指标主要包括品牌认知度、品牌知名度、品牌美誉度、品牌满意度、品牌忠诚度、市场占有率等(Bergh,2011;Jalkanen,2012)。考虑到品牌影响力也包括品牌开拓市场、占领市场并获得利润的能力,市场占有率、品牌忠诚度和全球(区域)领导力被认为是三个基本指标(Myers,2011)。此外,品牌影响力的评价由消费者对该品牌的认可、品牌在社会上的知名度等组成(李莎莎等,2010)。

　　目前,针对微信公众号品牌影响力的相关研究并不多,对微博影响力研究的文章相对较多,但其研究关注点在于微博官微传播力(姚茜,2012;吕杰等,2013;王梦珠等,2020)。影响力维度只侧重于传播力维度,缺乏更多的维度讨论。而且微信公众号和微博在互动程度、消息传播速度以及受众面上均有不同程度的差异,两者的影响力维度也不尽相同。本书稍后会分析微博影响力的研究现状。目前研究微信公众号的影响力的文章不多,整体上缺乏对微信公众号影响力的综合评价方式和维度划分。

(四)品牌信任

　　信任,在社会科学领域,被认为是一种依赖关系(Weigert,1985)。心理学、实验心理学、传播学、广告学、管理学和教育学中都有不同的定义。《左传·宣公十二年》:"其君能下人,必能信用其民矣。"(邵文利,2000)所谓信任,即以诚信任用人,遵守诺言,实践成约,从而取得别人对他的信任。信任可以被理解为在知晓风险时一方依赖另一方(Worchel 等,1979),是对另一方的信心(Weigert,1985;Lewis,1985),或者是一种心理状态和意向,是对将来发生的事情有正面期待的预期(Rousseau 等,

1998；Sitkin 等，1993；Camerer 等，1998）。通常认为信任与可靠性和正直诚实、有信心相关（Morgan 等，1994）。在关系营销领域，有研究认为信任主要会导致满意（Spekman，Bejou，1998；Pavlou，2002）、忠诚（Lau 等，1999），或与忠诚相关的未来购买的可能性（Urban 等，2000），或购买意愿、合作（Anderson 等，1990），价值、承诺（Garbarino 等，1999），长期的关系导向（Ganesan，1994）和监控行为（Holste 等，2005）等。

关于品牌信任的研究有很多，有学者认为品牌信任就是在风险情境下消费者基于对品牌品质、行为意向及其履行承诺的能力的正面预期而产生的认可该品牌的意愿，并认为品牌信任应该包括消费者对品牌产品和服务品质的信任以及对保证这种品质的品牌行为动机和能力的信任，同时提出品牌信任由品质信任、善意信任和能力信任这三个维度构成（袁登华等，2007）。从消费者的角度来说，消费者品牌信任是在众多品牌中消费者对某一品牌持有信心的态度。这里的态度更具体地说是态度中的认知，包括对品牌的能力表现和诚实善良的信任及在此基础上形成的总体信任（金玉芳，2005）。已有研究发现，在网络团购情境中，感知风险对信任以及购买意愿均会产生影响。具体来说，过程风险、产品风险对信任有负向影响作用（江若尘等，2013）。企业社会责任与顾客忠诚度和品牌信任度显著正相关（陈晓峰，2014）。此外，品牌信任会对顾客感知价值产生显著影响（杨桂菊等，2015）。当然，品牌信任也有可能被破坏，当面对严重不利事件时，高、低忠诚度顾客在内隐和外显两个层面都会出现明显的信任破坏，结果是一致的；但是当面对轻微的不利事件时，高、低忠诚度顾客的反应会出现差别（窦文静等，2017）。

由上可知，品牌信任是消费者在众多品牌中对某一品牌有信心的态度。因此，建立信任的过程就是消费者形成态度、坚定信心的过程。对消费者来说，与其他消费者以及媒体的交流能够对某品牌产品获得非直接的信息，进而建立起对品牌的信任（金玉芳，2005）。品牌信任一直在品牌与品牌资产、品牌与消费者购买等关系中起着中介作用。品牌信任与品牌资产、品牌影响力互相影响、互为关联。

(五)品牌忠诚度

品牌忠诚度是指受产品或者服务的质量、价格等因素的影响,使消费者对特定的品牌产生感情依赖,并表现出对该品牌的产品或者服务有偏向性的行为反应。品牌忠诚度包括两方面的内容:行为忠诚度和态度忠诚度(裘晓东等,2002)。

对品牌忠诚度影响因素的已有研究较为丰富。比如,来自对企业案例的实证研究表明,美誉度和忠诚度具有相关性(周云等,2017)。具体来说,"品牌社区感知价值—品牌依恋—品牌忠诚"的研究理论模型也得到了苹果品牌社区的实证检验,因此企业为提高顾客忠诚度而创建、维护品牌社区具有一定的必要性,并且有助于企业建设优质品牌社区,有效进行品牌与顾客的关系管理(刘枭,2016)。

此外,结合前人研究成果,根据从受访者角度测量得到的两代人对相同品牌的忠诚度以及代际关系评价,结论验证了代际关系对品牌忠诚度的影响效果(门雨舒等,2018)。以数码产品虚拟品牌社群顾客互动为背景,基于社会交换理论和人际交往理论的研究表明,虚拟品牌社群的互动关系及其价值维度对品牌忠诚度也会产生正向影响。具体来说,顾客互动中的信息互动和人际互动两个维度均对社群价值有正向影响;社群价值对品牌忠诚度有正向影响(陈容容,2018)。

产品功能价值对品牌忠诚度、品牌信任与品牌伦理均有积极显著影响,品牌伦理对品牌信任存在积极显著影响;另外,品牌伦理、品牌信任在产品功能价值与品牌忠诚度之间起中介作用(侯淑霞等,2019)。与积极主动相比,负责任能带来更高的满意度和信任;而与负责任相比,积极会导致更高的忠诚度(Arnold等,2019)。对中小企业的雇主品牌建设研究也验证了企业雇主品牌、情感承诺和内部顾客忠诚度之间存在显著的影响。其中,雇主品牌对情感承诺、员工忠诚度有正向影响,情感承诺对员工忠诚度有正向影响。雇主品牌通过情感承诺对员工忠诚度产生间接影响,甚至大于直接效果,体现了员工情感承诺在这一过程中存在中介效应(马岩等,2019)。在消费活动中通过社会互动传递代际价值观念从而形成品牌体验,参与性互动、分享性互动、知识性互动和创造性互动可以促进个人修养、道德伦理和人际关系等代际文化价值观念的传递,形成功能性体验、情感性体验和社会性体验,进而增加顾客的品牌忠诚度(杨德锋等,2014)。而基于网购 VR 视角的研究结果表明,在线心流体验、顾客契合与品牌忠诚度之间也具有显著的影响作用:在线心流体验正向影响顾客品牌忠诚度,顾客契合在在线心流体验与品牌忠诚度之间起中介作用,消费惯性在顾客契合与品牌忠诚度之间有调节效应(林艳等,2019)。消费者认知通过影响消费者情感间接对农产品品牌忠诚度产生影响(熊爱华等,2019)。社会化媒体应用带来的营销领域变化在品牌和消费者两个角度均有体现,体现了社会化媒体时代品牌忠诚度维系的困境(魏加晓,2019)。

由上可知,自媒体参与、公开、交流、对话、社区化、连通性的特点使其成为品牌文化传播的重要平台。策划体验性的传播活动、注重对内传播和对外传播的策略、提刁消费者的互动性和参与性、整合传播媒体及营销策略、帮助培养消费者的品牌忠诚,有助于提升品牌的竞争力(张继周,2014)。品牌忠诚度一直是品牌影响力的一个重要衡量维度,在自媒体平台中同样是品牌影响力的重要组成部分。

二、与社会交往相关的文献综述

(一)社会交往的定义

社会交往是从动态角度分析社会现象的基本概念(翟学伟,1993)。交往是指一定历史条件下现实中的个人以及共同体之间通过中介客体,在物质和精神上互相作用、互相影响、彼此联系、共同发展的各种实践活动及其所形成的普遍性的社会关系的统一(马克思等,1995)。交往,是指在一定历史条件下现实的个人、阶级、社会、集团和国家之间互相往来、相互作用、彼此联系的活动(江丹林,1992);有学者认为,交往是人与人之间的社会联系(丁立群,1992);也有学者认为,交往是人与人之间的相互作用关系(王玉恒,1993),但社会交往本质上包含着更为复杂的内涵,关系只是社会交往的一个部分。在社会交往关系中,交往主体没有主动和被动之分,是两个或者两个以上的主体之间的平等交流、解释、对话、合作、求同和相互理解(哈贝马斯,1999)。

提到社会交往,一定会提到交往行为。交往行为可分为四类:第一类是目的性行为,这种行为是为了实现某种目的,具有明显的目的性;第二类是规范调节的行为,这种规范有群体成员约定并遵守的价值共识,群体成员以这种价值取向为共识并作为行动导向;第三类是戏剧式行为,这类行为出于自我表现的需要,是一种有意识的主观表演行为;第四类是交往行为,这是个体间以语言为媒介的主体间的互动,相互理解是交往行动的基础(哈贝马斯,1999)。

由上可知,社会交往具备平等的特征。人类的交往存在乃至交往形式的形成,主要是由特定的"生产形式"所决定的。社会交往使人类的生产力得以保存、传播和发展。社会交往促进人的社会性的提高和人的全面发展。人类的社会实践,首先是物质生产实践,是人类主体交往活动诞生的标志(马克思等,1995)。当今社会任何人的社会活动都和其他人产生着直接或者间接的联系。这种不断的交往,促进了整个社会的发展和社会性的提高。

(二)基于互联网的社会交往

网络空间作为对现实世界生活实践的建构和拓展,在哲学上最为重要的突破是颠覆了传统的主体客体形态的单一主客体关系,主体和客体以信息和虚拟化形态呈现为信息引导者和信息追随者;单一主客体关系转化为不断涌现出来的移情信息对于虚拟世界信息流向的引领位置的不断更替、置换的多极交互主体性(吴满意等,2009)。网络交往建立在一种理想化的社会场景之中。这种理想化的场景假定人们之间是一种纯粹关系,人们在网络交往中基于共同关注形成的情感连接关系与特定场景有关。这种关系没有受到外部其他条件的影响,只会在双方都对这种关系协商一致的场景中才能产生和继续。

社交网络使得现实中的社会关系转向网络,并以强关系创建关系链,成员社群意识比较薄弱,而人际关系能够弥补这点。社交网络不存在明显的界限,不依靠话题维持成员之间的联系,而是经由诸如"朋友"一类称呼来建立关系(Kozinets等,2002)。网络交往就是主体借助于符号完成了身份、性别、社会地位等自身情况的虚拟,使得交往双方达成平等、自由、共享,时空距离缩短,交往效率提高(吴满意等,2009)。社交网络平台的用户活跃性有着一定的差别,并且这一活跃性对平台存在着或大或小的影响,同时社交网络平台的应用也使得虚拟交流逐渐朝着人际沟通的方向转化(Granovetter,1993)。基于互联网进行的社会交往(Computer Mediated Communication,CMC),是人们通过计算机和互联网分享共同价值和利益的仪式化行为。区别于以往的社会交往方式,网络交往帮助人们建构、生产了与以往任何一种媒介场景都不同的社会情感和意义符号,以实现新的社会团结方式(马向阳等,2015)。

年轻人是互联网时代社会交往的主力军。新媒介建构了大学生社会化的新场景,使得个体对社交生活的空间改造及日常生活的风格养成得以可能。他们借此在与同辈及代际的互动中展开角色的实践与探索,也在成年之旅中努力消解不确定性焦虑并建构自我认同(王小璐等,2018)。网络的广泛应用一方面使青年人更大程度地脱离现实生活空间,形成现实社会的自我抽离,呈现出个体化的生存状态,但网络技术的不断创新,同样也在建构着不同于以往的集体生活(王阳等,2018)。

无论是线下的真实交往,还是线上通过新媒体进行的交往,交往的本质都是人的本质力量的外在显示或表现形态,人们在交往中形成的社会关系构成人的社会本质的基本内涵(贾英健,1995)。移动互联网在将企业、品牌、产品、市场进一步去中心化、碎片化的同时,也为人们打开了"大众创业、万众创新"的大门,一时间,好像所有人都在盯着自己那个方寸大小的屏幕,于是,敏感的品牌商坐不住了,重新开启了新社交领域的征程(睿彦,2015)。

由上可知,在互联网时代社会交往符合自由和共享的特征。人的交往范围已经是全世界,人的实践程度达到了前所未有的高度。全世界的人类交往,网络世界被人们发明和利用都直接或间接地改变了社会交往的方式和途径(马向阳,2015)。微信公众号的交往通过点赞、评论、打赏、转发等形式进行,充分满足交往双方达成平等、自由、共享的特征,符合交往的基本属性。

三、品牌社交的理论逻辑

目前对东西方品牌营销的研究越来越多地涉及社交媒体、新媒体和自媒体,相关的研究正处于迅猛发展的阶段。其中,关于自媒体营销的研究现已成为营销学、传播学等相关学科关注的热门领域(Lamberton 等,2016)。我国学术界虽然已经观察到这一趋势,但是大多数文献仅仅停留在西方相关社交媒体研究理论的综述和评论阶段(Paola 等,2016),或者是基于社交媒体的品牌营销研究(Aron 等,2016),还未就自媒体的社交现象进行深入研究。此外,以科技网络为载体的自媒体的传播途径研究也不少(Datta 等,2005),运用传播学相关的使用与满足理论在自媒体的品牌营销和社交理论中的作用也不少(Smock 等,2011;Anabel 等,2014)。伴随着人们对自媒体的使用的依赖和行为的变化,研究自媒体自身的品牌社交显得很有意义。品牌的社交行为逐渐成为品牌战略的重要组成部分(杨善林等,2015)。具体来说,品牌个性、品牌拟人化与品牌社群形成品牌社交的主要内容(黄胜后等,2003;李丹等,2009;靳代平等,2016;赵石榴等,2019)。下面从这三个方面来探讨品牌社交形成的理论逻辑。

(一)品牌个性与品牌拟人化

1.品牌个性

品牌个性(brand personality)是指赋予品牌的系列人格化特征。品牌个性可以归纳为纯真(sincerity)、刺激(excitement)、能力(competence)、精致(sophistication)和强韧(ruggedness)五个维度。这些品牌个性可以创建品牌资产,并构建了自我表达模型、关系基础模型、功能利益表现模型三种模型(Aaker 等,1997)。

品牌个性比较容易与消费者个性产生共鸣,更能刺激消费者的感官体验,增强认同感,从而提高消费者的品牌忠诚度(杨丹琪等,2020)。品牌个性"精致""胜任""粗犷",对口碑传播意愿有正向影响(刘茂红,

2020)。品牌个性是营销中的一个关键概念,可用于创造竞争差异化。对于学术界和实践者来说,品牌个性最相关的两个维度是负责和积极的。已有研究表明并非所有的品牌体验维度都能预测品牌个性(Arnold 等,2019)。品牌个性认知度、品牌个性独特性、品牌个性认同度会对购买意愿产生不同程度的影响(赵玥,2006)。

比如,社交媒体平台提供了一个巨大的文本数据公共存储库,从中可以提取有价值的信息。企业可以从社交媒体数据中提取商业智能,这些数据涉及一个重要的商业应用,即衡量品牌个性,具体来说,可以开发文本分析框架,用于整合消费者、员工和公司生成的不同来源的社交媒体数据,以衡量品牌个性(Hu,2019)。

尤其在自媒体时代,艺人的经营模式也有所改变,可以致力于提高粉丝情感连结并强化个人识别度与内容维度,进而通过品牌化做出市场区隔,并持续发挥影响力(郭旭,2018)。因此,公众人物的影响力除了带动业绩之外,更能长效对品牌形象沟通发挥实质性作用。此外,以大学生为研究对象的研究表明,品牌认知和品牌忠诚度与品牌个性、品牌感知品质等互为正向影响(金昱等,2014)。

由上可知,品牌个性具有品牌的人格化特征,能给品牌带来资产的增值,是自媒体时代品牌社交不可或缺的因素。

2.品牌拟人化

品牌拟人化是将拟人化的特定非人载体聚焦到品牌上(郭国庆等,2017)。品牌拟人化作为消费者与品牌特殊关系的体现,品牌被消费者感知为具有各种情感状态、拥有心智和灵魂、能够自主行为的真实的人,是其社会连接的重要一员(Puzakova 等,2009)。

品牌代表了个人特征影响消费者的行为(张正,2019),感知到的真诚特质和消费者产生的嫉妒心理会对消费者评价以及品牌代言产生显著影响。具体来说,消费者对高真诚的个性会表现出更为积极的态度,而嫉妒是一个显著正向调节被试对低真诚的影响者的态度。然而对于象征性产品,品牌态度并不因影响者的真诚程度而有所不同,但高真诚度的影响者在代言功利性产品时更有效地从参与者那里获得良好的品牌态度(Jung 等,2020)。此外,在品牌拟人化的视角下,有学者在深度访谈的基础上运用扎根理论,对品牌自信的概念和维度进行了质性研究,同时结合探索性和验证性因子分析,构建了基于品牌拟人化的品牌自信测量表(熊艳等,2019)。

在品牌人格化视角下针对产品的消费研究,也验证了品牌拟人化的影响,并指出拟人化维度比非拟人化维度对消费者描述自我形象、形成自我和谐和品牌忠诚更为重要(Liu 等,2019)。但在社交媒体语境下,为什么要进行人格化传播、如何进行人格化传播,以及人格化传播在目前应用层面上仍存在一些问题和不足(史晨,2019)。

由上可知,企业可以通过拟人印象和社会交互两大层面的拟人化操作来进行品牌的塑造和传播,以此获得消费者的情感偏好及品牌联系(汪涛等,2014)。品牌拟人化是对品牌关系研究的延伸,品牌个性也成为品牌拟人化的一部分,构成自媒体时代研究品牌社交的重要内容。

(二)品牌社群

消费者与品牌之间的关系包括四个层面,即消费者与产品、消费者与品牌、消费者与消费者、消费者与公司(Fournie 等,2001)。其中,品牌社群是属于消费者与消费者之间关系的重要表现,成为目前品牌研究的重要领域。

社交媒体环境中的线上群体传播与传统的线下群体传播相比发生了巨变(孙墨闻,2019)。其中,偶像粉丝社群的传播规范和成员的认同实践对于考察当今的线上社群传播生态具有现实意义。信息需要、自我发现、娱乐功能、社会融入和社会地位的提升是在线品牌社群的五大功能要素(朱翊敏等,2017)。

在线品牌社群中利他主义和社会认同动机相互促进、相互影响(Doohwang 等,2012)。而系统支持、社群价值、表达的自由、奖励和获得认可是消费者参与在线品牌社群的主要动因(Cheung 等,2015)。具体来说,社群互动行为积极影响网络关系结构和品牌认同。进一步地,网络关系结构积极影响品牌认同，尤其是网络关系结构在社会化媒体品牌社群互动中发挥着显著作用，是互动与品牌认同的中介（杜佳，2018）。在虚拟品牌社群中，社会网络的三个维度即交互联结、信任互惠原则、自我概念一致性分别促进了消费者对品牌社群社会价值的感知，而社会价值正向影响消费者，形成品牌社群归属感，社会价值与社群归属感都积极影响品牌社群中消费者公民行为的产生（杨宁，2018）。在品牌社群中，消费者的公民行为是重要组成部分，主要由正面口碑、积极参与、维持秩序、助人和反馈五个维度构成（江若尘等，2012）。

在新的社交媒体时代，社会的可持续发展离不开人与人之间的相互协作，每个人都以各种角色连接着他人与自己，把一个又一个独立的个体连接成相互关联的面，构成了一个个既各自独立又相互联系的社群，相互连接，共同发展（冯彩云，2020）。社交需求是连接他们的最初动力，也是社会不断发展的基础要素之一。基于社交需求的重要表现方式就是社群。用户、内容、社会网络是支撑"社群共振"的三个基本要素。用户是共振主体，内容是共振的主要刺激物，社会网络是用户扩散内容的主要渠道，三者之间的交互共同推动"社群共振"的形成（禹卫华等，2019）。

由上可知，品牌社群中存在着社会资本，它随自愿、互惠、信任及内部语言的增强而增强。其中，信息价值和社会价值正向影响品牌社群承诺和品牌忠诚（王新新等，2010）。社交功能、传播和交易是社群目前的主要功能，其能力按照排序依次降低（刘春雄，2018）。在这种情境下，消费者作为主导，与企业共同创造价值，企业只需起到支持性作用。而且，消费者主导的共创价值与其品牌忠诚度正相关（王新新等，2012）。品牌社群中主体如果是公众号，则公众号带着强烈的拟人化特征进行社交活动。品牌社群拟人化的社交行为构成品牌社交的重要组成部分。

（三）品牌社交的理论逻辑

品牌在形成自己的个性和拟人化的发展过程中会产生交往的需要（卫海英等，2010）。在社会交往中，存在着社会的网络关系，通常分为强联结和弱联结（尼古拉斯·克里斯塔基斯，2013）。在强联结中会有资源的重叠,这种关系与结构洞理论中的第一种重复关系非常类似;弱关系是一个桥梁,正好吻合结构洞理论中的这个"洞"的比喻和内涵(Burt,2008)。一个人的社会网络资本与他拥有的"洞"的数量有关,洞越多,社会资本越多(Burt,1992)。因此,一个人如果具备一个较强的社会交往能力,能够拓展自己的弱关系,形成较多的结构洞,那么他在社会中的地位相对较稳固,能够获得的资源越多,所拥有的社会资本也越深厚(Mojtaba等,2015)。在新媒体时代的消费环境下,传统品牌的发展面临改革创新(刘敏等,2017),需要从品牌的社交功能角度出发重新认识品牌与消费者的关系。

品牌运营者为了提升其品牌认同感、市场竞争力和市场占有率,渐渐地为其品牌赋予了个性特点,逐渐形成了品牌个性(Arnold 等,2019)。而这些个性的发展又将品牌的拟人化推向深入(郭国庆等,2017)。品牌拥有了个性,会进行拟人化的交往,同时品牌社群发挥着其社交、传播和交易功能,品牌开始了社交行为。

第二节 自媒体营销文献综述

本节主要阐述与自媒体相关的内容营销、渠道传播之间的关系,找到自媒体的代表微信公众号与其他自媒体在内容营销、渠道传播等方面的差异以及研究的缺口,支撑本书形成理论逻辑。

一、自媒体的定义及文献综述

"自媒体",英文为"We Media"。自媒体是普通大众经由数字科技强化、与全球知识体系相连之后,一种开始理解普通大众如何提供与分享他们本身的事实和新闻的途径(Shayne Bowman,Chris Willis,2003)。这也是"自媒体"一词公认的定义。定义有几层含义:(1)自媒体的实质是一种分享途径;(2)其传播主体是普通大众;(3)数字技术是分享的手段和工具;(4)普通大众分享的内容可以是事实和新闻。根据"5W 传播模式",

即"谁(Who)、说了什么(Says What)、通过什么渠道(In Which Channel)、对谁说(To Whom)和有何效果(What Effect)"(Lasswell H,2012),可以发现自媒体和传统媒体、新媒体有着全方位的区别,具体如表2—1所示。

表2—1 自媒体和传统媒体、新媒体的区别

	谁 (Who)	说了什么 (Says What)	通过什么渠道 (In Which Channel)	对谁说 (To Whom)	有何效果 (What Effect)
	传播者	传播内容	传播渠道	受众	传播效果
传统媒体	新闻媒介	主流新闻、专题报道等	报纸、电视、广播等	普通民众	单一方向传播,反馈未知
新媒体	传统媒体网络版、企业、个人等	主流新闻、娱乐产品等	互联网	普通网民	双向传播,有一定的引导性
自媒体	普通大众	带有个人特征的文字、影像、事实和新闻等	数字技术手段	普通网民或定向朋友	及时收到反馈、个性化、定向、互动良好

资料来源:根据传统媒体、新媒体和自媒体的特点整理。

从表2—1可以看出,自媒体在传播者、传播内容、传播渠道、受众以及传播效果方面都与传统媒体和新媒体有着很大的差别(何文娟,2016)。自媒体具备下列特点:(1)从传播者的角度来说,第一次把普通大众变为传播的主体。普通大众从传统的只能被动接受信息变成了可以主动传播的主体,把自己从受众变成受众与传播者合二为一的角色。(2)从传播内容来看,传统媒体传播的往往是主流媒体带有权威性的新闻或事实,进行的解读也更偏向于权威机构或媒体,但自媒体传播的内容往往带有强烈的个人意愿和个人特征,是从个人的认知出发,带有个人解读意味的内容。(3)从传播渠道来看,自媒体除了继续承载着数字技术手段以外,更显著的是可以进行小范围的传播,可以选择传播的范围,可以是公域的大众传播,也可以是小众的小范围朋友圈传播。(4)从受众的角度来看,从传统的普通大众的被动受众变成主动接受的大众群体或小众朋友群体。

(5)从传播效果来看,从传统的单一方向传播,无法即时接收到受众的反馈到双向的传播,网状传播并能即时得到受众的反馈(李馨雨,2017)。从这五个"W"可以看到传统媒体和新媒体以及自媒体的差别,更能体会到"自媒体"的"自"的深刻内涵(蒋震浩,2009)。"自"就是自己产出、自己传播、自己接受、自己反馈,虽然权威性没有传统媒体那么强,但每一个人都是事实、新闻和亲历事件的内容输出者、传播者,有着极强的自我表达意识(吕杰等,2013),打破了以往传统媒体传播的壁垒,可以自由地、即时地、多渠道地、多方式地、交互地传播信息、表达情感(支庭荣,2011)。

在自媒体的概念被提出后,研究自媒体的文章比较多,基本有以下几类:

一是研究自媒体的定义和特征。如有学者认为"自媒体"是利用以博客为代表的网络新技术,包括运用 Wike、SMS、可摄像手机、在线广播、P2P、RSS 等新技术,来进行自主信息发布的那些个体传播主体(张彬,2008)。自媒体的信息制作和传播行为具有不同于传统媒体的显著特征:个体化、自主性、多样化、圈群化和高速性(宋全成,2015)。自媒体的本质是信息共享的即时交互平台(代玉梅,2011)。

二是从传播学、政治社会学的角度来分析自媒体。有学者认为自媒体的传播力、引导力、影响力、公信力构成了新闻舆论的四大生产力要素(沈正赋等,2016)。自媒体不仅具有传播学的意义,还具有一定的政治社会学意义。它削弱并分享了传统媒体的媒介权力,降低了"横向传播"与"网络结社"的成本,更有利于促成集体行动,克服了政治决策的封闭性与政治监督中的信息不对称,有效地改善了政治体系运行的质量(潘祥辉,2011)。自媒体时代的社会动员方式,使群体性事件具有更广泛的社会参与度。但自媒体的传播特征又使这种参与具有独特的困境,主要表现在:抽象愤怒与集体狂欢、民粹主义下的"无社会组织"后果、话语和行为的无理性破坏等(于建嵘,2013)。

三是基于自媒体的企业的品牌营销和应用研究。有学者分析了"罗辑思维"基于社群经济的自媒体商业模式创新(吴超等,2017),还可以在

"互联网＋"视域下构建"体育小镇"(张潇潇,2017)。在面临政治文化冲击、内容低俗、学生网络依赖等诸多严峻挑战时,高校要加强自媒体高校思想政治教育工作(吕杰等,2013)。

四是对于自媒体的研究,如对自媒体盈利模式的研究等,认为网络广告模式、会员付费制度、O2O模式、粉丝捐赠模式和自媒体联盟分单是自媒体盈利的主要模式(彭巍然,2014)。黏性和交互性、精准人群细分、口碑传播效应、危机前哨作用、低廉的传播成本都成为自媒体的品牌优势(张弥弭,2014)。在应对自媒体冲击的对策、微博与博客的关系、公民参与、教育、商业与经济、政党政治与行政法治、出版7个相同领域,中美两国对自媒体的对比研究有着较大的差异(陈宪奎等,2015)。

综上所述,这四类研究的焦点分别是自媒体的定义和特征,从传播学、政治社会学的角度来分析自媒体,基于自媒体的企业的品牌营销和应用研究以及对于自媒体自身的盈利模式或品牌优势的研究,但缺乏对自媒体自身的品牌建设行为的研究,也缺乏对自媒体影响力维度的研究。

二、与内容营销相关的文献综述

(一)内容营销的定义及研究现状

"内容营销"一词由 Penton Custom Media 公司于 2001 年首次使用(Pulizzi 等,2012),是用来对大型 B2B 企业制作和出版购物杂志,以及纸质新闻通讯的统称。内容营销曾经被定义为,为了吸引新客户、留住老客户而进行的多样化的内容创作与传播(Handley 等,2010)。内容营销的内容主体应是蕴含企业品牌精神与故事的产品,如品牌主页、微博、品牌社区、公共主页、企业杂志等(周懿瑾,2013)。内容营销需要企业自主发布与消费者利益相关、有价值、有吸引力的内容,提高顾客忠诚度,最终引发购买行为。简单地说,内容营销是内容本身和内容营销的结合体,其强调内容营销本质是一种价值传递,呈现给消费者的内容应与品牌相关,且具备一定的娱乐性和知识性,可影响购买意愿(Pulizzi 等,2009;Lieb 等,2011,2012)。因此,内容营销也是一种为了提高顾客忠诚度、关注价值体验创造的核心策略,引导和帮助顾客做出更理智的决策、多渠道营销的整体营销策略(Lorenz,2011;Rose 等,2013)。

内容营销不同于传统营销,不是强硬灌输广告等硬性信息,而是发布有价值的软性信息,使人们主动接受,消除反感情绪,借此达到营销目的。企业以媒体内容来做营销传播,其形式主要包括影视、视频制作和微博等(孔清溪,2009;于伯然,2011)。内容营销的目的主要是吸引顾客参与,并在与顾客的互动中形成品牌信任、品牌忠诚的营销模式。其中,与顾客对话、讲故事给顾客听是内容营销的成功关键(周懿瑾,2013)。对内容营销的动机研究表明,顾客参与、品牌忠诚、品牌亲近感都是内容营销的动机,这些动机着重培养消费者的品牌意识(Ekrek,2000)。

在这样一个每个人都能搜索信息、都能自主决定购买何种物品的时代,要让顾客建立起对企业的信任感,企业必须主动帮助顾客提供信息,方便他们决策,并提供具有价值的内容,因此,内容营销需要被提到战略地位(Lieb 等,2012)。此外,内容营销还具有艺术的高度。也就是说,内容营销不强行推销,也不强迫购买,而是通过一种相互沟通,达到潜移默化的效果的一种营销方式。企业通过动人的故事、引人入胜的内容、得体的靠近和合理的利益关怀,从而固化品牌用户,做到品牌忠诚,最终形成产品或服务的销售绩效。在这样的平台上,顾客可以体验分享的愉快、自主决定的成就感,从而愿意帮助企业成为社群的领袖。这个过程互惠互利,顾客能体验到理智决定的成就,而企业则通过这种方法留住了顾客,为企业创造了利润(Pulizzi 等,2011)。

内容营销已经成为品牌利用社交媒体进行沟通的重要方式(Paola 等,2016)。基于社交媒体的品牌内容不但可以像广告一样影响人们的品牌态度,而且还向粉丝提供与他们的社交网络成员分享的内容(Handley,2011)。

据此,品牌微信公众号内容营销策略的内容有必要涵盖信息,包括功能性信息,娱乐性信息、社交(品牌互动、社交互动)以及自我实现三方面的五项要素(傅慧芬等,2016)。因此,内容营销的作用不仅在于满足消费者对优质内容的需求,更在于同时为其提供一个高活跃度的社交平台。内容营销的核心优势在于能够短期与消费者建立联系,获得共鸣,从而提高消费者的品牌忠诚度(刘捷等,2019)。

目前国内外对内容营销的研究虽然比较多,但是基本还在定义内容营销(Lieb,2011,2012)。对内容营销进行分类(Pulizzi,2009,2011,2012)、区分内容营销的功能(Rose,2013;傅慧芬等,2016)、内容营销对消费者的态度(贺爱忠等,2016)、内容营销如何来影响品牌社交这样的质化量化分析尚没有出现。内容营销已经被提到战略的高度(Handley,2010),尤其在现在这样的社交电商时代,微信公众号的内容阅读、短视频内容收看、直播带货的视频内容都已经渗透到我们生活的方方面面(李静,2010),这些内容营销如何影响其品牌都是值得研究的问题。

本书考察了微信公众号的内容营销特点,在前期的访谈和后期的问卷中,都设定了微信公众号内容营销的维度和方式,并利用新榜和清博的微信阅读排行榜中前几名的微信公众号来考察用户对订阅的要求,同时考察内容营销对微信公众号的作用。

(二)用户生成内容

用户生成内容(User-Generated Content,UGC,又称作 User Created Content,UCC,或 Consumer Generated Media,CGM),即用户原创以任何形式存在的内容。用户生成内容是内容营销的重要形式。目前内容营销比较主流的形式包括微信公众号的文字、图片,短视频平台的短视频,音乐平台的音频以及长视频网站的视频等。世界经济合作与发展组织(OECD)在2007年的报告中提出了UGC具有三个特征,即网络出版、内容创新以及非专业人员创作(李茂林,2007)。UGC充分体现了每个个体都有潜力贡献出有价值的信息,且赋予了有机会接触网络的人自我表达的话语权。从这个角度来看,UGC既可以被理解为用户创造的静态网络信息资源,也可以被理解为用户生成创作的动态行为模式,更可以从生态的层面诠释为一种秩序。这种秩序与用户群、社会网络、传播渠道、网络/虚拟社区密不可分(王晓宇等,2014)。初步研究发现,UGC这一主题已经广泛渗透于社会科学、计算机科学、工程管理、商业管理等领域,且关注度在不断上升(Handley 等,2010)。与图书和信息科学相关的 LISA 数据库包含该主题的文献量占全部文献量的 10%,说明 UGC 也逐渐开始受到信息管理领域学者的关注(金燕,2016)。

同时 UGC 的研究主题开始进入博、硕士学位人员的研究领域,分别涉及 UGC 质量评价(林鑫,2015)、UGC 参与动机和行为(张凯,2019)、UGC 诚信和侵权等法律问题(詹宇昆,2010)以及移动互联网业务发展(张卫斌,2008)等主题。UGC 中 C(Content)所指的内容,并不仅仅是用户创作、发布、分享的显性内容,同时还包括一系列隐性内容,如用户身份、状态、关系和声誉等(Hu 等,2019)。

在社交商务领域,有关 UGC 的研究也不少。基于社会资本理论对我国跨境社会化电商"小红书"用户数据的研究表明:在社会化电商平台中,关系资本和认知资本对 UGC 的信息性、规范性特征均具有显著正向作用;UGC 的数量、质量、信息互动性和人际互动性能够影响购买意愿;结构资本在 UGC-购买意愿关系中起调节作用,度中心性越高,连接强度越强,UGC 对购买意愿的影响越大(魏如清等,2016)。考虑到用户生成内容中评论与评级、推荐与推送对社交商务行为的影响,研究表明:评论与评级、推荐与推送在信息支持和情感支持方面对社会交往有积极而显著的影响;信息支持中的信息有用性对社交分享和社交购物产生显著影响,但信息量并不影响社交分享;亲密度和互惠性对社交分享具有显著影响,但亲密度对社交购物并无显著影响(周修亭等,2019)。此外,影响社交媒体平台 UGC 质量的因素有用户从众心理、外界噪声干扰、自身次要需求以及用户社交媒体倦怠情绪等因素(顾润德等,2019)。

对国内外文献的回顾表明,UGC 对品牌态度具有正反两方面的影响效应,影响了网络零售业在社会化商业模式下的品牌传播(王晓宇等,2014),具体来说,在研究对象上,应当关注移动 UGC、非文本型 UGC 的质量评价与控制;在研究视角上,要关注用户行为、UGC 语义内容、UGC 质量三者之间的关联(金燕,2016)。

因此,在社交平台上,越来越多的内容生产者应运而生。这些内容有的与产品有关,有的完全只是个人爱好的描述,但内容生产的质量至关重要(魏如清,2016)。来自官方微信数据的回归分析也表明,内容是传播效果最为重要的影响因素,原创的推文、与档案相关内容的推文越多,官微的传播效果越好。此外,推送频率越高,传播效果也越好。不同于预期的是,开办主体、与社会热点之间的关联度对传播效果没有产生影响。可见,对于档案机构而言,回归"档案"本身,并且持续地向外发声,才是用好"新"媒体的"旧"道理(聂勇浩等,2020)

由上可知,现在越来越多的内容生产者非常重视内容质量。内容质量是内容生产者的重中之重(Berger,2011),只有创造出优秀的内容质量,才能保证其输出的影响力程度。一个微信公众号如果阅读量有"10万+",那么这个微信公众号的被关注度会得到极大的提高。如果能生产出多篇"10万+",那么在这个流量为王的时代(曹西京,2020),此号则会立刻成为"大V",具有很强的品牌影响力,在新的微信公众号品牌影响力中能够迅速攀升。以"格十三"为例,当时在没有文章突破10万时,她已经更新了几十篇原创文章;但在第一个"10万+"的文章产生后,她的订阅量大量增加,为后续连贯几十篇的"10万+"文章打下了良好的基础,这样的良性循环是每个内容生产者都乐于见到的(王瞿建,2015)。

(三)内容传播

基于社会化媒体、社会化媒体营销和品牌内容的概念、使用现状和相关理论,社会化媒体营销的品牌内容传播发展粗具规模(王小立,2015)。品牌内容传播也开始被置于社会化媒体营销的环境中进行研究(方冰,2010)。自内容生产出来以后,下一个重要的方式就是内容传播。

内容传播的研究也经历了从传统媒体到新媒体、自媒体的变化。在传统媒体阶段,学者大多研究内容传播的特征和传播方式以及检验方法(李本乾,1999);有学者基于西方传播政治经济学理论来研究大众传播与人类社会的内容传播史(刘晓红,2003);也有学者进行方法论的研究,如对信息传播中内容分析的简单随机抽样、构造周抽样和连续日期抽样这三种抽样方法的研究(任学宾,1999)。

新媒体的发展改变了内容传播的传统方式,利用大数据和互联网技术,更加深入地实践了麦克卢汉主张的"媒介即信息"这一观点(陈卫星,1997)。大数据时代为内容传播提供了新机会,企业开始重视消费者在传播过程中的能动性、主动性,强化粉丝自主生产内容,强调与消费者互动的传播模式,同时借用数据分析工具,进行全平台、跨媒体的传播投放(臧丽娜等,2015)。有学者开始关注新媒体环境下的内容传播,对传播的媒体环境、传播模式和传播效果进行了逐一分析(张琳,2010)。慢慢地,基于微博、微信等大平台的研究也开始越来越多,有的研究品牌内容在各种情境下的传播方式及其相关因素,将企业微信内容分为新闻类、推广类、养生类和家庭类等,并研究出其所属分类会影响其传播效果(马红岩,2014)。新媒体环境下内容传播的主体、理念(阙娜,2014)和态势(汤丽萍,2015)的研究也越来越多见。同样,基于技术层面的研究也不少见。在社交平台新浪微博中,基于数据抓取的研究表明,热点微博的传播规律与信息链长度相关(李彪,2013)。而来自信息传播网络动力学的研究也发现,微信网络拓扑结构对信息传播具有显著的影响(张宏等,2014)。此外,基于微信公众号传播数据的研究验证了标题与关键词热度对传播效果的显著影响(吴中堂等,2015)。因此,来自国内图书馆的微信公众号在 WCI 微信影响力指数的排名数据和湖南省图书馆、厦门大学图书馆的微信运营实践,也展示了传播策略在内容营销方面的重要作用(黄国凡等,2015)。

由上可知,微信公众号的传播方式更适合进行品牌的接触点传播,让受众面尽可能多地接触到每一次品牌信息的传播,使受众在持续的体验中清晰、一致地感受到品牌内涵和核心价值观(李薇,2014)。建立自媒体品牌个性、实现品牌差异化传播正是本书关注的重点。

(四)意见领袖

"意见领袖"也叫舆论领袖。由于意见领袖对他人有较强的影响力,在人际交往中表现出比较活跃的特点,因此在大众传播中他人会主动听从其意见。意见领袖的意见会对周围人的意见起引导作用。在这个传播的过程中,他们往往会加入自己的观点,从而影响他人的决定(麦奎尔等,1987)。意见领袖与受众的交互频率会影响到意见领袖的中心地位,并正向影响其稳定性和整体影响力(吴英女等,2014)。

社交网站的注册用户之间的信任程度、关系强度、信息规范性等影响用户的口碑传播行为(杨海娟等,2017)。意见领袖通常通过两级传播而进行信息交换(周庆山,2004),并能够影响企业的绩效。意见领袖与顾客的关系强弱会有效影响企业的营销效率(Villanueva等,2008)。比如,豆瓣网中的意见领袖与受众的关系强弱主要由四个指标构成,分别是意见领袖的中心地位、意见的传染性、受众的活跃性以及意见领袖的吸聚力。同时,意见领袖的口碑也在影响着意见领袖的地位和影响力(丁汉青,2010)。与其他社交平台相比,意见领袖在微博的发力方式方面对舆论的作用方式和强度不一样(周巍,2013)。有学者开发了微博平台上意见领袖的影响效果及其影响因子的测量方式(方兴东,2014)。具体来说,微博的意见领袖通过转发、评论等行为影响用户行为;原创数、自回帖数、回复他人帖子数和活跃天数是衡量意见领袖活跃度的二级指标,并且意见领袖的活跃度越高,用户的关注度与感知度越高(刘志明,2011)。微博的传播力、话题的中心性、意见领袖与受众的互动性和意见领袖的活跃性这四个因素有助于有效识别意见领袖(禹建强等,2014)。进一步地,研究表明,微博意见领袖必须具有一定领域的专业知识,这是影响力获得的重要支柱(陈笑春,2014);但是也有研究表明意见领袖需要去专业化(刘果,2014)。其中,微博消费者、意见领袖、消费者间关系强度和感知价值这四个因素交互影响(邓香莲等,2012)。

微博意见领袖活跃在各个平台,对平台的消费者和受众产生不同程度的影响,尤其对于某些公共事件,意见领袖能部分影响舆论的走向,这对意见领袖也提出了较高的要求。意见领袖既要具备某些专业知识,又要去专业化,成为多元化的领袖特征(吴英女等,2014)。基于媒体平台文本数据的可视化分析和对网红消费者的画像分析,研究发现,关键意见领袖(Key Opinion Leader,KOL)的关注、转发对网络社交媒体传播具有重要作用,并且消费者在社交媒体讨论网红时具有不同的情感倾向,根据消费者的态度、行为及情感倾向不同,可以将消费者分为五类(周延风等,2018)。结合活动水平、Twitter 与转发和认可的流行率三个维度,对工会的活动与其他人的活动进行比较的结果与回归分析,工会更愿意提出自己的想法,而不是支持其他人的想法。他们的信息在 Twitter 领域比其他人的信息更受认可。尽管工会行动缓慢且保守,但工会可以依靠内部支持和机构声誉来获得领导地位(Lorenzo 等,2020)。

在微博网络谣言传播中,意见领袖知识图谱是一种有向网络关系图。意见领袖节点具有极强的影响力,普通用户节点的传播极易受到意见领袖节点的影响,意见领袖是舆情谣言话题传播中的关键人物;同时社交网络舆情的知识图谱整体呈现二级传播态势,单个意见领袖节点不具备左右谣言话题传播的能力。意见领袖节点与普通用户节点的壁垒随着网络谣言舆情的不断传播将在一定程度上慢慢弱化,使社交网络舆情向更为扁平及无序的方式传播(王晰巍等,2020)。此外,根据"罗辑思维"由粉丝经济到现代网络知识社群的发展路径,对比意见领袖在粉丝经济与社群经济中的不同地位和作用,研究还发现了"罗辑思维"的意见领袖罗振宇在网络知识社群转型中的 4 个路径(郭涛,2020)。

微信公众平台中的"意见领袖"是现实生活中"意见领袖"的强化(吴英女等,2014)。既然是领袖,就要具备领袖的特点。这些平台上的意见领袖往往具备较强的个人威望、较强的专业知识、较广的社交圈、较强的社会联结。具备这些特征的人在现实生活中往往也是某一领域的权威或较有话语权的人,这些人在平台上会变得更加权威。KOL 在信息传播中起着至关重要的作用,特别是在信息传播初期,名人的追随者比其他人多,但更多的追随者并不意味着更多的互动。当 KOL 的转发量和交互量显著增加时,网络规模迅速增长。此外,用户生成内容(UGC)的关键词在整个传播过程中是相似的。当顶级 KOL 转发一个与游戏相关的话题时,相关词的数量迅速增加(Wang 等,2020)。

由上可知,在网络平台,这些人的话语权被放大,动则有百万级别的粉丝。粉丝就是流量,微信公众号中的"意见领袖"都有着强流量的优势(吴英女等,2014),随意发一篇文章或一个推文往往会有很大的阅读量和读者追捧,从某种程度上有点类似影视明星和粉丝。在这个流量为王的时代,一个意见领袖拥有的流量具有较强的变现能力,往往随手一个推文会有助于货品的大量销售(李思慧,2020)。意见领袖们通过内容生产、传播、互动的行为对自媒体的影响力产生作用。

三、与渠道传播相关的文献综述

(一)信息渠道

信息渠道是信息传送的中介,通常信息的传送分为口头传送和书面表达。研究表明,传播渠道的差别会影响传播的效果,也会对传播内容进行交互影响。信息的可信度与信息来源显著正相关,所以顾客会认为顾客自己创造的信息比商家的信息可靠(Wilson,1993)。而且,消费者会受到自己信任的人的影响,听从他们的建议,或者在自我观察后进行自我选择(Chen 等,2011)。比如,微博刚开始的传播是因为大学生们相互分享的结果,是从众心理的尝试,而并不是因为功能(辛文娟等,2016)。

传统的信息渠道无外乎就是纸媒、电视、广播等,信息通过这些媒体传播,信息渠道也比较有限。但随着网络的出现,社交平台兴起后,精英主导的纸媒和传统媒体进行信息传播的方式遇到了前所未有的挑战。现在社交平台几乎包揽了所有的信息传播渠道,比如超人际交流理论。这个理论基于网络世界,发现信息发送者会利用这个虚拟空间,进行人设管理,而接收者则会主观将发送者美化(阳志平等,2001)。微信公众号的传播越来越像人与人之间的交往(张瑜,2014),可以通过读书和写书的人神交,可以与三五好友一起对一本书进行评论。现在一个想认识的意见领袖或"大 V"抵达,往往只需要 6 个人的传播(Milgram,1967),就可以认识一个想认识的意见领袖或"大 V",好友已经不需要像以前一样找一个共同的空间来进行交流,只需直接通过网络平台进行交流和互动。

网络信息评价模型,主要包括信息质量、信息渠道和信息表达 3 项维度(李莉等,2013)。新浪微博中有多种类型的信息传播模式:一是"中心式传播",即一对多的传播模式;二是"关键点传播",在博主之外形成一个局部的"中心"传播,这种模式对微博的传播效果起了至关重要的作用;三是"链式传播",是一种小众传播方式,其影响力以及传播的可靠性都较小;四是"蒲公英式传播",结合"中心式"和"关键点式"的传播特点,微博中的热门话题大多运用这种方式;五是"综合式传播",大量的热门微博资讯多采用这种模式,有比较明显的中心传播特点(郭海霞,2011)。

由上可知,信息内容和信息渠道是研究信息传播不能越过的两大课题。研究信息内容的学者较多(曹瑞昌,2002),也有的研究信息渠道(艾兴政,2008),还有的研究两者关系,但是将信息内容和渠道在社交平台上的相互关系进行研究就不多见了。

(二)私域与公域

西方法哲学传统中有一对重要范畴:私域与公域(王南湜,2000)。有学者在总结现有研究的基础上,对私域与公域的划分标准及其各自的内涵进行了重新思考:对私域与公域的理解应该采取语境论的模式,区分绝对公域和绝对私域、相对公域和相对私域(徐永康,2012),并从天然状态、利益形态、价值取向、行为方式等方面分析私域与公域各自具有的内涵,对私域与公域做出了描述性而非概念式的理解(李晓辉,2003)。其中,亲环境行为也可分为私域和公域两种行为,公域行为会体现其公共性;社会公平感正向影响公域的亲环境行为,不产生显著影响私域的亲环境行为;主观幸福感显著正向影响私域的亲环境行为,而负向影响公域的亲环境行为;性别也对亲环境行为的种类有影响:男性更倾向于公域的亲环境行为,女性更偏好私域的亲环境行为;教育和媒体使用显著正向影响亲环境行为(杨奎臣等,2018)。

互联网时代的到来,意味着公域和私域的流量争夺是毫无疑问的热点(穆胜,2020)。在微信公众号的品牌社交中,传播渠道也发挥着其独特的作用。公域社交对于企业发布重要信息和权威信息都有不可替代的渠道优势(何亮莉,2019),但前提是受众必须首先订阅企业的微信公众号,而其他的个人用户使用更多的是个人关注。微信公众号的特点决定其传播的主要方式是私域的传播(张建松,2017)。私域社交是相对于公域社交而言的。相比公域社交,私人领域的传播具备强信任关系、分享快乐等特点,与冷冰冰地发布官方信息相比,私域社交无疑更有温度(段淳林,2020)。

由上可知,微信公众号的信息渠道有基于公共领域的信息传播,如公众号直接传播或基于较大的社交媒体进行公共传播;同时,也有微信公众号的独特的传播方式,即通过微信朋友圈等私人领域传播。虽然对社交媒体渠道中信息传播方式的研究不少,但对品牌社交中渠道研究的文章并不多见。

(三)多渠道传播

多渠道(multi-channel)传播是企业的一种资源整合方式,能够让企业的品牌影响力、品牌优势、产品优势得到最大的传播效果(Teerling 等,2020)。这种传播方式有助于企业竞争优势的形成、渠道的整合,最大化顾客参与、获得更大的市场占有率以及更好的销售成绩(Rickman,2007)。多渠道的传播会让消费者收获更多的信息来源,并让信息多次有效传播,让消费者形成消费潜意识,从而刺激消费、增加营业收入(李莉等,2013)。

基于信任模型和媒介信任理论,对突发事件信息渠道信任的模型分析表明,公众对于不同渠道的信任原因显著不同(尤薇佳等,2014)。基于市场风险、两个渠道的潜在市场份额、信息预测精度、渠道的竞争强度对信息分享各渠道成员绩效的影响等因素,通过对制造商与零售商相互之间的信息分享与信息选择的行为特征进行识别和博弈分析,发现这些影响有别于传统渠道结构信息分享的绩效(艾兴政等,2008)。

研究多渠道传播的文献较多,主要集中在以下几方面:一是传统媒体或新媒体的多渠道传播,如对科技期刊多渠道精准传播体系的构建和应用研究(侯丽珊,2017),有对传统文化典籍大众传播的多渠道选择的研究(陆耿,2012),也有对网络新媒体多渠道传播与社会舆论导向之间的关系研究(董蓉,2019)。二是利用多渠道传播进行营销的行为分析,如多渠道传播场景下创意整合营销(杨晓梅,2019),尤其是对多渠道零售商线上线下协同营销策略研究(林炳坤等,2016)与对全渠道营销时期中国多渠道零售革命风暴的分析和理解(李飞,2014)。也有学者研究了基于多渠道零售线上线下渠道间的营销协同,来提升传统零售商线上延伸绩效的营销策略(汪中波,2012)。当然在新媒体时代,研究新媒体的整合营销传播价值(陈小中,2017)也必不可少。三是研究多渠道融合。有学者研究多渠道数据融合及其应用(石玉梅等,2003)、多渠道融合对消费者重复购买意愿的影响(王冲,2015)。在新零售时代,研究新零售背景下多渠道零售商的渠道融合分析(黄美花,2018)也不少。当然,也有研究基于收视行为的电视节目多渠道融合制播平台设计与实现(郑磊,2019)。

由上可知,多渠道无论是基于传播方式对传统媒体或者新媒体的关系研究,还是利用多渠道进行营销的行为分析以及多渠道的融合,都给传统的单一渠道传播开辟了一条全新的路径。在自媒体的多渠道传播中,由于自媒体人也开始进入商业领域,随着他们公众号的影响力越来越强、口碑越来越强,他们原来通过公域社交的渠道也开始下沉到通过社交裂变,传播方式发生了变化(刘泳岐,2017)、内容传播也开始了多渠道(代玉梅,2011)。微信公众号的点赞、在看、评论、转发等互动行为,基于之前社会交往的理论依据,经过强弱关系转变,通过人际互动进行二次传播(邵培仁,1996),量级巨大,以几何级别的数量实现裂变(赵丽华等,2008)。虽然有文章分析到自媒体的私域传播,但少有文章兼而分析其多渠道传播的方式和对其品牌影响力的作用。

四、自媒体平台对比研究

(一)微博

研究微博的文章很多,关注的重点在于将微博作为社交媒体,具体有以下几个方面:一是对高校官方微博影响力的影响因子研究(吕杰等,2013;王梦珠等,2020)。研究发现微博转发数、评论数、点赞数和"粉丝"数被当作官方微博影响力的影响因子(王梦珠,2020)。二是对政务机关的影响力作用机制研究,如在整体趋势、个体情况和外部环境因素三个方面对政务微博影响力进行评价(吴锦池等,2020)。三是对影视行业等传播途径上微博影响力的作用研究,电影网络传播力、电影网络影响力和电影生命周期是基于社交媒体的电影网络传播影响力评价体系的三个指标(赵安琪等,2019)。四是基于旅游等产业的微博影响力评价机制研究等,如微博用户的关注粉丝数、搜索和标签、转发水平是微博影响力的三大因素(姚茜,2012)。这些研究关注点在于微博官微传播力,影响力维度只侧重于传播力维度,缺乏更多的维度讨论,同时缺乏对微博个人用户的关注。

(二)脸书(Facebook)

国外研究 Facebook 的文章也很多,但大多在于运用 Facebook 进行营销行为分析,如分析产品在 Facebook 上的病毒式营销活动。功利性产品的病毒式营销活动并不与非功利性的产品依赖同样的分享机制。消费者访问 Facebook 并不是为了了解功利性产品,而是依靠简单的提示和启发来处理这些产品的病毒式营销信息(Christian 等,2014)。再比如研究 Facebook 上的推广式营销活动,因为 Facebook 上的人际关系网是比较封闭的,所以品牌商家需要通过有趣的、有吸引力的活动来扩大广告的影响力(马泽华,2013)。也有基于 Facebook 的研究关于社会网络和消费者互动在新产品扩散中的作用,但研究人员往往无法观察到这种网络和互动。相反,可以观察到的是在特定社交网络中采用的过去产品的聚合扩散模式(Michael 等,2013)。也有研究 Facebook 的社交网络关系,如社交网络的使用与亲朋好友的自尊关系的变化等,进而研究自我控制在其中扮演的角色(Keith 等,2012)。有文章研究 Facebook 作为一个有效的社交媒体网站,作为客户和营销的管理系统进行客户关系管理(CRM)(Ashley 等,2015)。在探索主流媒体针对新媒体社交平台受众的影响力提升途径上,有研究通过 FCI 指数和 LIWC 文本分析,来对比中美两国代表性主流媒体在 Facebook 平台上关于中美贸易争端报道各自所产生的影响力(常力轩等,2020)。这些研究都是在研究 Facebook 作为一个广泛应用的社交媒体,如何在这个平台上进行有效营销的途径和方法,缺乏对 Facebook 账户的关注和研究。

(三)推特(Twitter)

Twitter 的人际关系网是很开放的,不同的群组很容易实现彼此之间的信息渗透。用户自发产生的信息对于品牌有重要意义,企业可以通过对用户评论的回复和实际行动来扩大广告营销的影响力(马泽华,2013)。Twitter 的研究分为两类:一是研究 Twitter 如何在售前、售后以及口碑上发挥作用;二是 Twitter 的传播特色以及相应的信息传播作用及应用。比如有研究做了一个"Twitter 效应"的实证检验,通过口碑传播消费者购买后的质量评价来影响产品购买意愿(Thorsten 等,2015)。同时,运用Twitter 发声来寻求补偿,从而影响企业在社交媒体上的服务干预(Liye等,2015)。在 Twitter 的传播方面,社交媒体网站为品牌传播创造了一个"回声",在企业传播的"宇宙"、新闻媒体和用户生成的社交媒体之间形成了复杂的反馈循环(Kelly 等,2016)。为了更好地研究品牌资产,有研究运用了数据挖掘的方式研究消费者感知,将这些认知细分为生态友好、有营养和奢华等属性,通过挖掘品牌在 Twitter 上的社交关系来推断特定属性的品牌感知评级(Aron 等,2016),但是在对 Twitter 的品牌社交维度划分方面的研究并不多见。

第三节　本章小结

一、自媒体相关研究的缺口

目前关于东西方品牌营销的研究越来越多地涉及社交媒体、新媒体和自媒体,相关研究正处于迅猛发展的阶段。其中,关于自媒体营销的研究现已成为营销学、传播学等相关学科关注的热门领域(Lamberton 等,2016)。

自媒体是普通大众经由数字科技强化、与全球知识体系相连之后,一种开始理解普通大众如何提供与分享他们本身的事实和新闻的途径（Shayne Bowman，Chris Willis，2003），具体有四层含义：第一，自媒体的实质是一种分享途径；第二，其传播主体是普通大众；第三，数字技术是分享的手段和工具；第四，普通大众分享的内容可以是事实和新闻（代玉梅，2011）。自媒体的概念被提出后，研究自媒体的文章比较多，基本有以下几类：一是研究自媒体的定义和特征（张彬，2008；宋全成，2015）；二是从传播学、政治社会学的角度来分析自媒体（潘祥辉，2011；于建嵘，2013；沈正赋等，2016）；三是基于自媒体的企业的品牌营销和应用研究；四是对于自媒体自身的研究（吕杰等，2013；彭巍然，2014；张潇潇，2017）。研究自媒体自身的品牌营销和品牌建设的文章并不多见，对消费者视角的研究不多，将自媒体的品牌社交化以及对自媒体自身的品牌影响力的测量和维度划分也不多见。

我国学术界虽然已经观察到这一趋势，但是大多数文献仅仅停留在西方相关社交媒体研究理论的综述和评论阶段，或者是基于社交媒体的品牌营销研究，还未就自媒体的社交现象进行深入的研究。此外，以科技网络为载体的自媒体的传播途径研究也不少，与传播学相关的使用与满足理论也在自媒体的品牌营销和社交理论中起着重要的推动作用。伴随着人们对自媒体使用的依赖和行为的变化，研究自媒体的品牌社交显得很有意义。

在我国，自媒体发展主要分为四个阶段：第一个阶段是 2009 年，新浪微博上线，引发社交平台自媒体风潮；第二个阶段是 2012 年，微信公众号上线，自媒体开始向移动端发展；第三个阶段是在 2012－2014 年，门户网站、视频、电商平台等纷纷涉足自媒体领域，平台逐渐多元化发展；第四个阶段是 2015 年至今，直播、短视频等形式成为自媒体内容创业新热点。目前对于微信公众号营销的研究，综合来看，主要涵盖以下四个方面：一是针对微信公众号在传播学角度的应用研究（张彬，2008；代玉梅，2011；宋全成，2015）；二是大数据背景下微信公众号的营销策略，主要研究关于数据挖掘对微信公众号营销的作用（潘祥辉，2011；于建嵘，2013；沈正赋等,2016);三是研究微信公众号的营销策略对其购买意愿的影响(吕杰等,2013;吴超等、张潇潇,2017);四是关于微信平台本身的研究(彭巍然、张弥弭,2014;陈宪奎等,2015)。在对文献资料进行研究时,微信公众号自身的品牌社交的研究并不多见,其维度划分以及微信公众号的品牌影响力的测量研究也不多见。

关于品牌社交的研究鲜有见诸报端。与品牌社交相关的文献大多聚集在基于社交媒体谈品牌建设,如基于联想、华为、HTC和三星微信公众号的内容分析来进行社交媒体内容营销策略研究(傅慧芬等,2016),或者是对品牌积累社交资产的路径研究(赵世勇等,2020);有的学者以小米的品牌传播实践为例,研究基于中国社交媒体平台的品牌传播(王加红,2015);有的学者研究时尚品牌,发现其品牌传播依赖视觉传播,以创造口碑、树立品牌形象、引导消费为目标,与社交网络形成了合媒(赵春华,2014)。近年来,也有学者开始关心从社交媒体人际关系角度出发研究社交媒体与品牌传播的关系,发现社交媒体关系网络与品牌传播之间的关系(吕蒙,2013),但这些都没有提及品牌自身如何进行社会化交往的问题。这些研究缺乏自媒体的品牌和社交特征的界定与分析,缺乏自媒体自身的品牌社交形成的逻辑,缺乏自媒体品牌社交与品牌影响力划分的维度以及其相互影响的机制研究。

在自媒体的品牌影响力的研究方面,本书发现目前国内研究微博影响力的文章很多,而研究微信公众号的影响力的文章不多。对微博的影响力关注的重点基于微博的行业应用,包括下列几项:微博这个社交媒体上高校或政务机关的影响力作用机制研究;影视行业等传播途径上微博影响力的作用研究;基于旅游等产业的微博影响力评价机制研究;等等。这些研究关注点在于微博官微传播力,但缺乏更多的维度讨论。针对微信公众号品牌影响力的相关研究不多,学界对品牌资产的研究较多,但缺乏从整体上对微信公众号影响力的综合评价。

综上所述,对于与自媒体相关的研究,将自媒体的品牌社交化,以及对自媒体自身的品牌影响力的测量和维度划分不多见。对于微信公众号的研究,微信公众号自身的品牌社交的研究不多见,其维度划分以及微信公众号的品牌影响力的测量研究也不多见。对于品牌社交的研究,缺乏对自媒体的品牌和社交特征的界定与分析,缺乏自媒体自身的品牌社交形成的逻辑,缺乏自媒体品牌社交与品牌影响力划分的维度以及其相互影响的作用研究。

二、品牌社交形成的逻辑

品牌是销售者或者制造者通过对其自身产品赋予一个特有的名字、称谓或者符号,以此作为与同行业类似产品和服务的识别标志(Kotler,1967)。品牌,顾名思义,即品牌的标牌(王明浩等,2006),是进入商贸流通领域和社会交往空间一类商贸产品和社会产品的自我认定和推介(熊尚鹏等,2019),是这类产品制造商和销售商对某一特定产品的命名、标识、符号、设计的公开表现(林恩·阿普绍,1999)。它既为产品制造者对某一产品特有的名字和称谓设计,又是产品销售者对于该产品推广促销的凭借(郭永新等,2007),更是产品消费者对产品消费意愿予取予舍终端选择的辨析参照(钟凯,2013)。品牌同时还具有唯一性、排他性的特征(孙在国,2006)。产品的品牌个性化极强,它是唯一的,不容重复和雷同(Puzakovam,2009);它又是排他的,具有卓然的品质特征,形成独特的形象而与众不同(阿久津聪等,2005)。任何品牌一经推出,必须在市场购买流通和消费中接受检阅,以检验其性价比高低和竞争力强弱(沈占波等,2005),从而决定消费者对品牌效用的认可度与忠诚度(王军,2016),同时也决定性地影响产品品牌生命力的强弱和产品生命周期(李付梅,2008)。一个企业的品牌特征可以通过产品标识、广告词、广告语、广告曲、产品代言等形式人为创造出来(余明阳等,2002),其品牌要素和制造者的企业要素相依相存,从而形成企业的显性资产(Erdem等,1998)。随着企业的品牌要素的有效释放,逐步提升制造商、生产商的知名度和美誉度、社交认可将会给企业带来超额现金流量(Holbrook等,2001)。这样的超额现金流量由企业品牌的知名度、美誉度所派生,形成了企业的隐性资产(Keller等,1993)。这些显性资产与隐性资产的不断累积,正是品牌的原始初衷和终极愿望(施恩,2013)。因此,研究品牌形象、制定品牌战略,对于提高企业产品的市场占有率和市场竞争力具有根本性、全局性和长期性的重要意义(宋琳,2015)。

在当今社会,互联网高度发达,人的社会交往已经超越时间、空间的限制(李晨旭,2015),可以在个性社交和社群社交中将品牌的拟人化继续深化。至此,本书将品牌社交依靠其自身定义、个性化的发展需要和拟人化的方式,通过使用和满足理论,完成了其理论上的逻辑闭环,如图2—1所示:

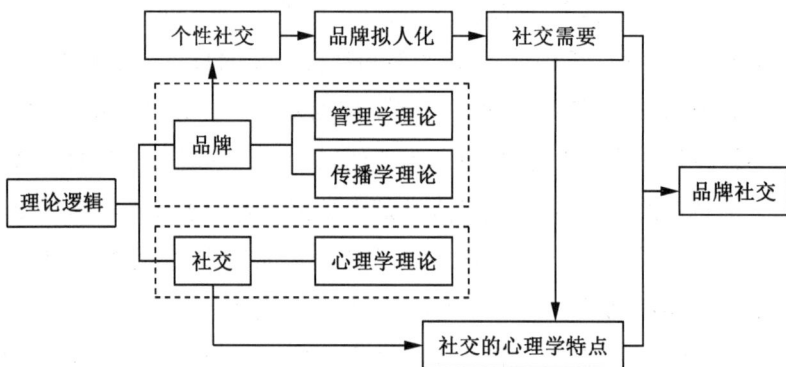

图2—1 品牌社交形成的理论逻辑

三、品牌影响力维度的界定

现在每天互联网都能产生1万个左右企业,这些林林总总的企业只有发挥其品牌影响力才能让品牌被消费者看到、关注到,从而产生购买意愿(吕靖,2019)。以微信公众号为例,每天都有数以万计的公众号被注册登记,但头部被订阅的公众号只有那几个。这些公众号从各个领域辐射出其影响力(吴中堂等,2015),从而将品牌的社交功能发挥出来并产生巨大的影响力,影响微信公众号的阅读量和流量变现(杨驰等,2019)。品牌影响力未来的市场价值同样视作品牌资产的一种(罗磊等,2005)。微信公众号作为一种社交媒体,其自身的传播能力不容忽视。因此在界定微信公众号的影响力时,传播能力作为一个重要的衡量指标(王齐国,2009)。有的学者用 Delphi 法构造判断矩阵,用层次分析法构建了微信公众号传播力评价体系(李明德等,2015)。

清博指数衡量微信传播力指数指标从"整体传播力""篇均传播力""头条传播力""峰值传播力"四个维度进行评价(清博官网,2021);新榜微信传播力指数通过平均阅读数、总在看数、发布文章数、最高阅读数、最高在看数、平均在看数等指标进行衡量(新榜官网,2021);微梦旗下自媒体价值评估标准 KolRank 通过自媒体传播、粉丝互动、头条影响等整体全面评估(KolRank 官网,2021)。

品牌影响力是一种无形的资产(Keller,2001;李莎莎等,2010),虽然这个资产看不见也摸不着,但实实在在地影响着品牌的地位和其存世的姿态(Aaker 等,1996)。创业公司的品牌影响力往往会被其创业故事所影响(周鸿一,2006),其创业精神和财富积累的故事也会帮助企业形成其品牌影响力。企业创立的时间长短也会影响其品牌影响力,因为在通常的认知中,创办时间长的企业具有稳定的产品结构和供应链组成(李云鹤,2011),是值得信任和忠诚的。

提到一个品牌的影响力,我们不会只说这个品牌今年有没有影响力,也不会只关注这个品牌有没有 10 年的影响力,而是会对这个品牌产生长远的品牌影响力有期待。品牌价值在企业市场竞争力方面具有重要的地位和作用,因此可以通过做好规划、关注需求、重视品牌创新等方面进行品牌价值提升(范二平,2013)。企业只有发挥其品牌影响力,才能让品牌被消费者看到、关注到,从而产生购买意愿(Anderson,1991)。而品牌忠诚是品牌影响力的核心指标(Gounaris,2004)。

目前,针对微信公众号品牌影响力的相关研究不多,学界对品牌资产(Aaker 等,1996;Erdem 等,1998;Jalkanen 等,2011;关辉国等,2018)的研究较多,但缺乏从整体上对微信公众号影响力的综合评价。本书讨论自媒体的品牌影响力,根据上述文献研究,选取品牌传播力、品牌忠诚度和品牌盈利能力作为品牌影响力的三个维度,进行着重讨论,如图 2—2

所示。

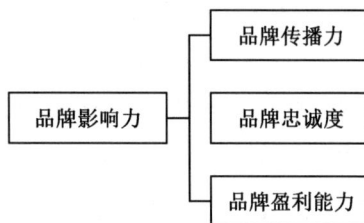

图 2-2　品牌影响力维度

第三章　基于扎根理论的研究

通过对文献的研究和分析,品牌社交依靠其自身定义、个性化的发展需要和拟人化的方式,通过使用和满足理论,形成了品牌社交的理论逻辑。为了明确微信公众号的品牌属性和社交属性,同时厘清品牌社交的逻辑,并分析品牌社交和品牌影响力的维度,本书先对扎根理论进行研究。

第一节　研究方法

一、扎根理论的定义

扎根理论(Grounded Theory,GT)是运用系统化的程序,针对某一现象来发展并归纳式地引导出扎根理论的一种定性研究方法,研究过程非常注重从资料中构建理论(Glaser,Strauss 等,1968)。扎根理论通常从下往上对资料进行收缩,不断归纳,反复寻找反映事物现象本质的核心概念。在构建这些概念时,通常并不预设任何理论框架(于洪卫等,2012)。本书想通过挖掘营销专业的博士、公号运营者、市场营销人员对品牌社交的感知和体验,探讨影响品牌社交的相关变量。扎根理论更多地强调实地调研和深度访谈的方法来建立理论程序和理论逻辑,符合本书的研究目的,是适合本书做定性归类时的研究方法,能够帮助本书进行数据的收集和定性分析。

进行扎根理论研究,需要对资料进行逐级编码。这种编码方法在程序化扎根理论中更为常见,被广泛认可(李震,2019)。程序化扎根理论主要运用三级编码的方式来进行研究分析问题(Robert,2006),本书也采用了程序化流派的方法进行扎根理论研究。

二、研究的步骤

扎根理论一般按照五个步骤来进行:第一是要从资料中产生概念,然后对资料进行分级;第二是要将已收集到的资料和产生的概念进行比对,仔细思考该概念产生的相关理论联系;第三是要进行理论的发展,将之前在资料中找到并经过思考比对的概念建立联系;第四是要将文字形成的概念进行抽象化的加工、对资料进行系统编码;第五是要进行理论模型的构建,检验从资料中产生的概念是否经得起系统化的程序加工、是否经得起理性检验(李志刚,2007)。本章的研究严格遵循了上述五个步骤。结合研究内容,扎根理论的研究可按以下部分进行:

一是对文献进行梳理。通过查阅关于品牌的定义、品牌忠诚度、品牌信任、品牌影响力、品牌个性和拟人化等相关方面的文献,同时阅读传播学和心理学关于传播渠道的理论文献,掌握更多的关于品牌和社交的资料,本书在对文献进行梳理时找到文献中未涉及的研究。

二是深度访谈。深度访谈时尽量多听多问,摒弃原有的理论和文献资料的束缚。拟定访谈提纲,首先要对已有的概念进行分析和确认,根据概念的分类,确认访谈对象和问题。由于本书研究的是品牌社交对品牌影响力的作用,因此本章选取的深度访谈对象主要是三类人群,即公众号运营者、营销专业博士和营销从业人员,综合考虑了访谈对象的学科背景、岗位背景和工作年限。在学科背景方面,访谈了一些营销专业的博士,旨在从专业视角来看待访谈提纲;在岗位背景方面,访谈了目前的营销从业人员,这些人既有相关专业背景又有营销实践经验;在工作年限方面,既有工作后去攻读博士的学生,又有已经工作 20 多年的企业中层营销人才,既有同时兼备公众号运营者和企业经营者双重身份的专业人士,又有公众号创业的颇具影响力的"大 V"。通过听取他们对公众号的品牌感知和体验感受,共同探讨品牌社交的相关变量,最大限度地获取相关一手资料,从而建立合适的研究框架。

三是逐级编码。对资料进行逐级编码是扎根理论中最重要的一环,根据斯特劳斯的编码,可以分为三级,即一级编码(开放式编码)、二级编码(轴心式编码)和三级编码(选择性编码)。逐级编码时,打散掉原有的资料,慢慢建立起概念,再不断缩小范围,在资料和概念、概念与概念之间进行多次比较,从中抽象出核心概念,并建立起联系,最终形成理论框架(李震,2019)。

在研究过程中,大量的音频和文本资料会形成,特别是由深度访谈产生的资料,从无形到有形,将音频资料转成文本资料,再收缩聚拢,进行资料整理、分析和逐级编码。

三、研究资料采集

在资料的收集过程中,本书主要采用了深度访谈法,根据研究主题,编制访谈提纲,提出了 15 个与微信公众号的阅读习惯、关注习惯、阅读内容等相关的问题,详见附录 A。

从 2019 年 12 月至 2020 年 2 月,为了获得一手访谈资料,本书首先确定了受访者的身份;为了从多角度获得资料,不仅从经营者的角度,更多的是从消费者的角度,共访谈市场营销博士 11 名、管理学博士 1 名、国际贸易博士 1 名、社会学博士 1 名、公号运营者 3 名、企业运营者兼公号运营者 2 名、市场营销专业人士 2 名、其他人员 1 名。22 名受访人员的主要信息见附录表 A1。与受访者取得联系后,给定访谈的时间、地点,进行深度访谈并全程录音。每位受访者接受访谈的时间为 15—45 分钟。访谈结束后,利用讯飞软件将音频转化成文字资料,最终形成了约 4 万字的有效文字材料。

第二节　研究过程

一、开放式编码

开放式编码是逐级编码的第一步,是指开放式地对资料进行打散重构的过程。由于开放式编码强调研究者自行构建概念,不受之前的研究和理论的束缚,这就要求在资料中寻求共同点(Charmaz 等,2009)。在共同点找到以后,对资料进行类别和属性的界定,同时对这些新产生的类别和属性命名、分类。

在开放式编码过程中,本书利用讯飞软件对音频文件进行了处理,并对所有的文字材料进行手工编码,对收集到的 22 位访谈对象的文字材料进行逐字逐句的整理、归纳、编码,直到可以提炼出准确和有价值的概念,再将性质与内容相近的要素重新综合,产生初始范畴,争取做到不重复,但也不遗漏。本书在进行范畴化时,在资料、概念和范畴之间多次进行比较,在关键词的出现频率上剔除重复频次≤3 次的初始概念,仅选择重复频次>3 次的初始概念,此外,还选择剔除了个别前后矛盾的初始概念。经过对初始的资料整理,围绕品牌社交的测量纬度,本书最终提炼出 105 个初始概念,归纳出 25 个初始范畴,分别是 A1 内容有深度、A2 内容专业、A3 信息权威、A4 内容丰富、A5 内容有用、A6 内容及时、A7 内容有趣、A8 对内容感兴趣、A9 流量"大 V"、A10 内容互动、A11 官网传播、A12 朋友圈传播、A13 公众号的品牌特征、A14 线上社群社交、A15 关系社交、A16 线下社群社交、A17 品牌特点鲜明、A18 品牌联想、A19 品牌互动、A20 用户黏性、A21 寻求反馈、A22 忠诚感、A23 带货能力、A24 价格优势、A25 信任感。开放编码的概念化和范畴化内容详见附录表 A2。

二、轴心式编码

轴心式编码是逐级编码的第二步,主要任务是在开放式编码的基础

上将开放式编码中提炼的范畴进一步类聚、整合，最终形成主范畴
（Charmaz 等，2009）。

　　本章在对开放式编码所形成的 25 个初始范畴分别进行深度分析后，
比对了范畴之间的相互关系，进行了重新归类。轴心式编码参照了斯特
劳斯提出的编码范式模式（coding paradigm model），结合本书的研究内
容，对主范畴进行确定，最终形成 5 个主范畴和 11 个副范畴。5 个主范
畴分别是内容社交、渠道社交、拟人化社交、品牌影响力和品牌信任。11
个副范畴分别是内容质量、内容体验、内容互动、公域社交、私域社交、个
性社交、社群社交、品牌传播力、品牌忠诚度、品牌盈利能力和品牌信任，
具体内容见表 3—1。

表 3—1　　　　　　　　　　　　轴心式编码结果

主范畴	副范畴	初始范畴	内　涵
C1 内容社交	B1 内容质量	A1 内容有深度 A2 内容专业 A3 信息权威 A4 内容丰富 A5 内容有用 A6 内容及时	内容的深度、专业度、信息的权威、内容的丰富程度、内容的功能性、内容的时效性和更新频率都是公众号的内容质量所在
	B2 内容体验	A7 内容有趣 A8 对内容感兴趣	对公众号内容的感兴趣程度、内容是否有趣是内容体验的组成部分
	B3 内容互动	A9 流量"大 V" A10 内容互动	"大 V"对流量的引导、转发、推荐、口碑、流量转换等都是阅读过程中互动的具体表现
C2 渠道社交	B4 公域社交	A11 官网传播	官网传播非常靠谱，覆盖面广，可信度高，在传播时目标市场精准
	B5 私域社交	A12 朋友圈传播	通过朋友圈、一对一转发等私域渠道传播，具有稳定的社交网络、更个性化、效率高、针对性强、方便等特点，使接受转发者感觉到被重视，有较强的信任感，并分享共同的兴趣

续表

主范畴	副范畴	初始范畴	内　涵
C3 拟人化社交	B6 个性社交	A13 公众号的品牌特征	品牌是一个展示平台,具有较高的识别度、自己的特色且内容有统一调性;公众号拥有各自不同的名称,具备品牌特征和形象。公众号有流量要求,读者和运营者都对其有附加期待值
	B7 社群社交	A14 线上社群社交	公众号呼唤高质量的微信群、建设专业论坛、建立社群,运营者有较强的社交需求;同时关系的强弱影响社交的效果;线下需要组织活动从而拓展商业圈
		A15 关系社交	
		A16 线下社群社交	
C4 品牌影响力	B8 品牌传播力	A17 品牌特点鲜明	公众号作为品牌,必须风格清晰、名字独特、为读者提供价值,同时具有品牌延伸和品牌联想的能力,有时站在别的品牌的光环下。品牌运营者要真诚经营,提高品质,培养忠诚感,增强用户黏性,警惕"僵尸粉",培育深度粉丝,积极寻求反馈,获得价格优势,在公众号的推荐下购买产品或服务
		A18 品牌联想	
		A19 品牌互动	
	B9 品牌忠诚度	A20 用户黏性	
		A21 培育深度粉丝	
		A22 寻求反馈	
	B10 品牌盈利能力	A23 带货能力	
		A24 价格优势	
C5 品牌信任	B11 品牌信任	A25 深度信任	建立深度信任,同时小心防范信用风险

三、选择性编码

选择性编码是在轴心式编码的基础上找到各自的核心类别。这些核心的类属是真正具有统筹作用的提炼出的观点,可以精准地表现出强大的包容性和稳定性,提炼出丰富的相互关系结构。典型的系统分析和处理各范畴之间的关系,最终通过一个典型关系结构将各种范畴整合起来,从而发展出新的实质理论框架(靳代平等,2016)。

在确定微信公众号具有品牌特征后,发现微信公众号在内容、渠道和拟人化的品牌三方面均有社交内容，符合社交定义，进而发现微信公众号通过内容、渠道和个性社交三方面来影响公众号的影响力。内容社交、渠道社交和拟人化社交均不同程度地有效影响了公众号的传播力、顾客忠诚度和购买欲望。本书遵循 Strauss 的程序化扎根理论研究规范，如附录表 A3 所示，通过分析，可以较为清晰地整理出品牌社交的测量维度。

四、饱和度检验

本书在实施深度访谈时会即时整理受访者的资料，在整理资料、回听音频的过程中发现第 17 位左右的访谈者已经没有新鲜的观点输出，无法继续收集到有助于形成新概念、新范畴的信息。根据扎根理论饱和度的检验要求，为确保研究的有效性和稳定性，本书又继续对 5 名人士进行深度访谈。访谈结束后整理资料发现，最后 5 名受访者的资料通过开放式编码、轴心式编码和选择性编码进行分析，并没有贡献新的主范畴关系结构。4 个主范畴内部也没有发现新的构成因子。本研究的核心概念初步形成，资料已饱和，现列举其中具有代表性的回答作为举证。

I18 主要关注的是一些与学术科研相关的，与户外旅行相关的，还有跟人生哲学有关的，也有一些信息发布，很少互动，如果互动，则也仅仅是偶尔转发公众号里面侠者观的一些内容。关注的公号基本上都是小众的。关注学术、科研、户外旅行，还有人生哲学，主要是因为感兴趣；关注一些信息发布的公众号是为了高效获取信息，认识大概五六个公号运营者，主要是户外旅行跟人生哲学有关的。I18 认为基本可以说一个微信公众号是一个品牌，品牌之间应该是有社交活动的。渠道传播要分情况，有一些私人的微信公众号，通过这种私域渠道传播比较好，但是一些像组织团体的微信公众号，实际上是通过公共渠道传播比较好。

I19 一般不关注流量"大 V"，关注的都是小众，以阅读文章为主或看通知，没有认识的公号运营者。微信公众号是一个品牌，因为公众号具备一个品牌的特征和要素，可以有社交活动，可以有合作关系，可以同时拥有一部分共同的目标顾客。微信公众号在微信朋友圈转发更好，更看好私域渠道。个性化和定制化是趋势,有带货能力但效果不一定。I19 没有在公众号买过东西,会关注被推荐的号,信任公众号的影响力,有时候会线下聚会,因为对聚会主题感兴趣。

第三节　研究发现

本书基于扎根理论研究,对微信公众号的品牌进行社交活动。影响其品牌影响力的研究发现主要如下:

一、品牌社交的属性及其维度

(一)微信公众号的品牌属性和社交属性

通过扎根理论分析,发现大部分的访谈者认可一个微信公众号就是一个品牌,如 I1 认为如果运营的好则应该是可以的,因为公众号就是一个展示平台;I3 认为顾客购买和识别度,顾客买这个而不是那个,说明产品之间一定是有区别的;I21 认为好的微信公众号本身就是一个标志、一个优质信息的入口;I5 认为不同的公众号推送的内容各不相同,有自己的特色;I14 认为有鲜明的人和特征;I19 认为公众号具备一个品牌的特征和要素;I4 认为绝大多数有自己统一的调性;I6 认为具备品牌的特征和形象;I7 认为微信公众号是一个接触点,是连接我和某些人或者某个人的一个接触点;I8 认为微信公众号起步往往是个人号,但随着优质内容吸引越来越多的读者关注,流量聚集以后会向机构化运作转型,机构化运作后便会追求"品牌化"(流量要求)。其中,访谈者 I5 提出:美国市场营销协会将品牌定义为"一个名称、术语、标志、符号或设计,或者是它们的结合体,用以识别某个销售商的产品和服务"。原因有:(1)这些公众号有各自(不同)的名称、logo 标志、介绍等;(2)这些公众号的内容算是他们的产品与服务;(3)不同的公众号推送的内容各不相同,有自己的特色。

根据这样的描述,一个微信公众号符合上述所有的定义和特征,可以称得上是一个品牌。这与文献综述阶段的研究具备较强的匹配度,佐证了自媒体微信公众号自身具有的品牌特征。同时在品牌拟人化社交部分,发现公众号呼唤高质量的微信群、建设专业论坛、建立社群、运营者有较强的社交需求;同时关系的强弱影响社交的效果;线下需要组织活动从而拓展商业圈。微信公众号本身具备品牌属性,又再次佐证了自媒体微信公众号具有社交的属性和特点。

下面进一步分析品牌社交的组成和结构。

(二)品牌社交的维度之内容社交

通过扎根理论分析,发现微信公众号的内容的深度、专业度、信息的权威性、内容的丰富程度、内容的功能性、内容的时效性和更新频率都是公众号的内容质量所在。对公众号内容的感兴趣程度、内容是否有趣,是内容体验的组成部分。同时"大 V"对流量的引导、转发、推荐、口碑、流量转换等都是阅读过程中互动的具体表现。

访谈者们提出精彩的观点,如 I8 关注的契机都是被内容质量吸引,一些小众公众号也是部分领域内的相对"大 V",例如,凌鹏的策略笔记,在大众定义中流量并不大,但是在投资圈内属于有影响力的内容输出者。I2 与经济方面相关的一些公众号,比如说一些财经类的新闻公众号等。如果我选择个人发布的信息公众号一般情况下则是因为我比较信任他的专业知识。另外,I2 关注一些权威的政府部门的公众号,比如说财政部、央行,还有就是统计局。这些公众号会发布官方的一些信息,比较权威。I7 认为多信息的那种大众新闻,增加信息量。I1 关注这些微信公众号的原因主要是为了了解世界前沿的科技动态,作为商业上的信息参考。I5 及时更新公众号内容,紧跟当前时事热点,尽可能推荐有价值的文章/资料等,做一个有深度、有高度的公众号。I5 认为娱乐会对微信公众号的品牌产生影响。我知道有些娱乐活动会在自己的微信公众号上不定期发布活动,比如,硕士博士俱乐部这个公众号,有时候会组织上海一些高校之间的联谊活动,帮助单身男女生找对象等;还有些公众号发布跑步、登山等户外活动的信息,关注的人群有时会组织一些线下活动。他们这些人就会有共同的兴趣爱好,这会促进他们对公众号的忠诚与关注度。I4 对相应领域感兴趣,看到一些文章内容写得好,朋友在票圈转发等就会关注。

我们从访谈者的信息中进行编码,从而得出 10 个初始范畴,分别是 A1 内容有深度、A2 内容专业、A3 信息权威、A4 内容丰富、A5 内容有用、A6 内容及时、A7 内容有趣、A8 对内容感兴趣、A9 流量"大 V"、A10 内容互动。在经过选择性编码后,得到了 3 个副范畴,分别是 B1 内容质量、B2 内容体验、B3 内容互动。内容质量、内容体验和内容互动形成了内容社交,内容社交成为品牌社交的一个测量维度。

(三)品牌社交的维度之渠道社交

通过扎根理论分析,发现在渠道传播方面,官方传播非常靠谱、覆盖面广、可信度高,在传播时目标市场精准。通过朋友圈、一对一转发等私域渠道传播,具有稳定的社交网络、更个性化、效率高、针对性强、方便等特点,使接受转发者感觉到被重视,有较强的信用感,并分享共同的兴趣。

受访者表示:I5 对我个人而言,我不太喜欢使用微博,一些官网、官微的信息也很少关注,除非必须要用到这些渠道的信息,才会去关注。I11 认为公共渠道覆盖面广一些。因为朋友圈对微信公众号的关注并不一定是内容优秀,难以维持长久的粉丝黏性。而公共渠道可以在更加宽广的范围内获得真正需要这些内容的粉丝。I8 认为现在朋友圈算是一个很好的传播渠道,因为朋友圈大家都是同样的朋友,他们关心的东西可能你比较喜欢。I5 认为大家都非常关心自己认识的朋友圈,或者是认识的朋友,里面一对一转发,感觉更加被重视。

在编码内容后,得到渠道传播主要是 A11 官网传播和 A12 朋友圈传播两个初始范畴,进而提炼出 B4 公域社交和 B5 私域社交两个副范畴,确定了渠道社交的两个维度,渠道社交成为品牌社交的一个测量维度。

(四)品牌社交的维度之拟人化社交

通过扎根理论分析,在拟人化社交方面,品牌是一个展示平台,具有较高的识别度、自己的特色且内容有统一调性。公众号拥有各自不同的名称,具备品牌特征和形象。公众号有流量要求,读者和运营者都对其有附加期待值。公众号呼唤高质量的微信群、建设专业论坛、建立社群、运营者有较强的社交需求;同时关系的强弱影响社交的效果;线下需要组织活动从而拓展商业圈。

受访者们表示:I11 认为因为专业论坛聚集的是真正需要内容的专业人士,这些专业人士因为某种强烈的动因对某个领域的信息有渴望、有诉求,而且某个领域的专业人士对微信公众号的评价也更客观,通过专业论坛对品牌的影响力更直接。I8 认为用户和微信公众号之间的摄入度或许是关系的强度。如果他是社交关系的话,则这个关系的强度会增强;如果社交品牌多的话,则会增强顾客和用户与公众号之间的关系,但是品牌的影响力可能会对用户增加。I5 对于官方微信公众号发布的集体活动,比如马拉松、电影节等,认为应该会去参加。学习交流的品牌社交对微信公众号的品牌影响力比较大。一般在博士阶段,学术交流的圈子比较小,大家关注的学习公众号会有很多相同之处,在学习交流中,大家会因为这些共同之处变得关系更亲近,有助于扩大自己的"圈子"。

本书在提炼了受访者的观点后,形成了 A13 公众号的品牌特征、A14 线上社群社交、A15 关系社交和 A16 线下社群社交四个初始范畴,经过再提炼,得到 B6 个性社交和 B7 社群社交两个副范畴,从而确定了拟人化社交的两个维度,拟人化社交成为品牌社交的一个测量维度。

综上所述,不难发现,从文献综述阶段得到品牌社交形成的初步逻辑,经过扎根理论研究和分析后发现,品牌社交由内容社交、渠道社交和拟人化社交组成,它们共同影响品牌影响力。下面对品牌影响力的维度进行分析和研究。

二、品牌影响力的维度

通过扎根理论分析,在品牌影响力的维度形成时,本书提出公众号作为品牌,必须风格清晰、名字独特、为读者提供价值,同时具有品牌延伸和品牌联想的能力,有时站在别的品牌的光环下。品牌运营者要真诚经营,提高品质,培养忠诚感,增强用户黏性,警惕"僵尸粉",培育深度粉丝,积极寻求反馈,获得价格优势,在公众号的推荐下购买产品或服务。

I14 和以前不同,不再是一个网站独霸所有的内容。比如 B 站的风格是非常清晰、明确的,抖音也是。I5 给公众号起了独特的名字,标明公众号推荐的信息属于哪一类。I2 提供价值,然后让那些有比较大的流量和较多粉丝的公众号来推荐公众号,这样的话可以比较快地扩大自己公众号的影响力。I2 认为品牌社交有点类似于品牌延伸,但是品牌延伸是借助自己已有品牌的影响力来进行扩展。I10 认为对公司的公众号来说,更多的是一个品牌的延伸。I2 认为这个品牌社交有点借助于其他品牌的影响力来扩展自己的影响力,有点像站在别的品牌的光环下的那种感觉。I2 认为通过建立自己的品牌与其他品牌之间的联系,来扩展自己品牌的影响力,也要注意所选择的品牌是否可能产出负面信息。I14 认为如果是为了扩大影响力的话,最重要的还是提高微信公众号本身的品质,也就是说,本身的服务内容是最重要的。I12 认为一些达人推荐的或者是一些群主推荐的,更应该具有黏合度。I11 认为因为微信公众号的盈利模式之一就是通过社交互动来获取更多的粉丝和流量,强化读者的黏性,微信公众号之间的互动也是达到这个目标的手段之一。I8 认为拥有一些比较深度的粉丝。拥有一些比较忠实的粉丝是比较重要的,数量不是很重要。如果要扩大影响力的话,首先要培养一批深度的粉丝,然后由他们利用自己的交友圈,就是真实的交友圈,而不是网络的交友圈,来扩大公众号的影响力。I5 向这些用户寻求反馈(因为与这些人比较亲近/熟悉,所以得到他们的建议比较容易),然后根据这些反馈对公众号进行改进。I2 认为最主要的还是出于对前者的信任以及长时间关注带来的忠诚感。这又增加了一层信用风险。I1 通过公众号里的链接买过东西。I2 觉得微信公众号有带货能力,毕竟它是一种宣传推广的方式,这个与微博、视频直播是一样的。但是这个带货能力主要取决于公众号的影响力。I11 也会做价格比较。I5 不知道产品来源等的安全性。

本书在提炼了受访者的观点后,形成了 A17 品牌特点鲜明、A18 品牌联想、A19 品牌互动、A20 用户黏性、A21 寻求反馈、A22 忠诚感、A23 带货能力、A24 价格优势 8 个初始范畴,再经过提炼,得到 B8 品牌传播力、B9 品牌忠诚度和 B10 品牌盈利能力 3 个副范畴,从而确定了品牌影响力的三个维度。

在确定了品牌社交由内容社交、渠道社交和拟人化社交这三个维度组成后,本章还探讨了自媒体的品牌影响力构成维度。经过对第二章的文献整理和本章的扎根理论研究,本书初步得出品牌影响力由品牌传播力、品牌忠诚度和品牌盈利能力构成。下面研究品牌社交对品牌影响力的作用机制。

三、品牌社交与品牌影响力的逻辑关系

通过扎根理论分析,发现很多受访者谈到要建立深度信任,同时小心防范信用风险。信任被频繁提到并与内容社交、渠道社交和拟人化社交有交互行为。

I2 因为之前关注过一个人,这个人推荐了另外一个公众号的一篇文章,然后就关注了推荐的那一个公众号。最主要还是出于对前者的信任以及长时间关注带来的忠诚感。如果我对这个公众号非常信任,而且这个公众号比较有价值,我才会去关注。I2 认为这个互推当中也有很多商业因素,比如说有些好客户就是收钱的,这又增加了一层信用风险。

本书在提炼了受访者的观点后,提炼出初始范畴 A25 信任感,进而得到副范畴 B11 品牌信任。

在访谈过程中有些受访者提到不同性别和年龄时会有不一样的感受等,如 I5 认为娱乐会对微信公众号的品牌产生影响。I7 认为不会给他们输出什么内容,我只是一个信息的接受者,可能年纪大了,所以我没有动力去参加他们的线下聚会。我只是喜欢他们的内容,其实我也不太会投稿或者与他们分享。通过对这些内容的访谈,可以发现,性别和年龄会对传播力和忠诚度有一定的调节作用。

经过文献综述阶段,我们知道品牌信任在社交媒体的营销中起多个

角色的作用,经过扎根理论研究,发现品牌影响力通过品牌信任对品牌社交起作用,初步构建了品牌社交和品牌影响力之间的逻辑关系,即品牌社交通过品牌信任来影响品牌影响力,性别和年龄也会对品牌影响力的维度有不同程度的影响。

第四节　本章小结

本书经过文献整理,对 22 位专业人士进行深度访谈,运用扎根理论进行三级编码,发现自媒体微信公众号具有品牌的特征,在进行微信公众号的转发、点赞、分享等行为时也符合社交的特征。品牌社交形成了自己的逻辑。

完成了三级编码后,内容质量、内容体验和内容互动构念了内容社交;公域社交和私域社交构念了渠道社交;个性社交和社群社交构念了拟人化社交。同时,本章对品牌影响力构念时发现微信公众号的品牌传播力、品牌忠诚度和品牌盈利能力确定了品牌影响力的三个维度;在进行文献梳理时,初步发现品牌信任有一定的中介作用,性别和年龄有一定的调节作用;在扎根理论研究完成后,初步发现品牌信任在品牌社交与品牌影响力之间的中介作用,并形成了品牌社交与品牌影响力之间的逻辑关系。

基于扎根理论研究的结论,本书初步认为自媒体的品牌社交是以品牌个性为基础、以打造自媒体品牌为目的,通过满足消费者的品牌信任,提高自媒体的传播力、品牌忠诚度和品牌盈利能力,从而提升品牌的影响力的行为过程。

第四章　模型构建与研究假设

在上一章中,本书通过对 22 名专业人士的深度访谈,运用扎根理论研究方法,初步发现品牌社交的内容社交、渠道社交和拟人化社交这三个维度会对品牌影响力产生影响。品牌影响力的测量维度分为三个,分别是品牌传播力、品牌忠诚度和品牌盈利能力。在上述分析的基础上,本章还发现品牌信任也在影响着品牌社交和品牌影响力的关系,同时对年龄和性别也有不同程度的影响。本章基于理论研究和扎根理论的分析结果,进行理论模型构建并提出研究假设。

第一节　模型构建

一、理论基础

使用与满足理论研究从受众角度出发,通过分析受众的媒介接触动机以及这些接触满足了他们的什么需求,来考察大众传播给人们带来的心理和行为上的效用。此时的媒介接触行为可以概括为一个“社会因素＋心理因素＋媒介期待＋需求满足”的因果连锁过程(Katz 等,1974)。这一模式的产生及其演变反映出与媒介效果研究紧密相关的受众问题的一个变化:从以传播者的意图为中心转向以受众如何利用媒介信息、如何从中获得满足为中心,并根据后者来确定大众传媒的效果(殷晓蓉,1999)。

使用与满足理论广泛应用于心理学、社会学、经济学、管理学以及各类交叉学科的研究中。在传播学领域,有学者依据使用与满足理论,结合手机人际传播的主体和客体关系层面探讨了其动机因素,此外,还将通过手机对人际传播的动机进行归纳,将其总结为是为了获取情感性社会资本和工具性社会资本(靖鸣等,2008);还有的学者运用使用与满足理论解读了在网络媒介下受众的使用情况,并总结出科学传播实践应紧密围绕"受众"所关心的、最为迫切的科技发展信息需要和科技知识,只有了解并尊重受众在科技发展信息方面的使用需要,才能使受众通过网络的传播渠道去参与科学传播实践(黄时进,2008)。

对使用与满足理论的发展性研究包括两个趋势:一是对原有使用与满足理论的基本模式引入其他变量进行扩展,如加入个体媒介接触可能性与媒介印象对使用与满足的需求模式进行了拓展(陈彬,2012);二是使用与满足理论与其他理论的研究整合,例如,媒介丰富度理论、理性行为理论、技术接受模型和期望—价值理论等。此外,研究者还把使用与满足理论扩展为新的理论模式,如罗森格伦结合需求层次理论(Maslow,1943),构建了使用与满足理论的展开模式(曹钦等,2013)。

使用与满足理论在互联网产品中也有广泛的应用研究。基于使用与满足理论,发现智能手机的实用性与非实用性满足感会一定程度上减少购物焦虑感,即使减少的焦虑感不会直接影响店内购买意向,智能手机的使用也会提高用户对某种产品的购买自信度,间接地促进店内购买意向(吕靖,2019)。使用与满足理论也用来分析网络直播平台如何推动新型社交关系的建立(韩雨霏,2019)。

使用与满足理论在微信生态产品中也有不少的应用研究。受众对微信媒体功能的使用动机可以归纳为信息获取、社会交往和功能性体验三个取向。受众对内容类型的接触偏好与上述三种动机一起对微信媒体使用与满足具有显著影响;女性的微信媒体使用与满足更高。这一媒介接触模式体现出受众媒体使用的内容依赖特征。微信用户可以通过在微信平台阅读新闻与评论信息来提升自己对微信媒体的使用与满足(韩晓宁等,2014)。

使用与满足理论能证实微信公众号在信任传播过程中会产生品牌信任,如微信订阅号提供信息和电商服务的双重职能,此时结合信任转移和使用与满足理论,可以探究用户对订阅号电商服务信任的形成机制(赖元薇,2017)。用户对订阅号内容的感知信息价值和享乐价值正向影响其对内容服务的信任,并且通过信任转移,形成对电商服务的信任,而用户对内容服务的信任在此过程中发挥中介作用,感知群体性正向影响对电商服务的信任;男性比女性更容易基于享乐价值形成对内容服务的信任,且信任更容易转移;原创性不调节感知价值对内容信任的影响(秦芬等,2020)。

微信用户在使用公众号的过程中持续使用微信,受感知易用性、感知趣味性及满意度的影响较为显著,而受感知有用性、感知转换成本和感知隐私风险的影响并不显著(詹恂等,2014)。同时,阅读公众号的互动行为更加体现出使用与满足理论的应用。微信用户的"点赞"行为主要受到信息认知需求、社会交往需求和自我呈现需求的驱动;半结构化的深度访谈表明,促成微信"点赞"行为的动机要素在驱动力上有所不同,对信息认知需求和社会交往需求在推动点赞行为完成的过程中起着极大的推动力,而自我呈现的需求动机要明显低于前两者(王晓桦,2019)。

从品牌社区角度,基于社会认同理论和使用与满足理论,企业微博对消费者忠诚的影响模型得到了新浪企业微博粉丝随机抽样数据的实证检验。结果表明,消费者感知的微博价值会促使其产生微博认同乃至企业认同,进而影响他们对企业和产品的关系感知,并最终影响其未来的购买意愿和推荐意愿。该模型刻画了消费者参与企业微博后的心理和行为,从消费者忠诚度角度揭示了企业微博的价值产生机理(黄京华等,2016)。而微博平台中内容与品牌个性两个要素及其关联性对消费者品牌评价的影响作用也得到了验证(吴水龙,2019)。

此外,基于使用与满足理论建立内容营销维度,对社群经济、内容营销如何、消费者品牌忠诚度的研究表明,内容营销维度中的功能性信息、娱乐性信息、社群互动正向影响品牌认同,品牌认同正向影响品牌忠诚度("东北师范大学大学生创新创业训练计划"项目组,2019)。

由以上可知,新媒体向用户赋权,传授双方达成前所未有的互动协议,这使得使用与满足基于受众能动性层面的论述受到了重视(韩晓宁等,2014)。使用与满足理论对于品牌信任、品牌忠诚度和品牌影响力都有着不同程度的关联作用,对于微信公众号的品牌社交中的三个维度即内容社交、渠道社交和拟人化社交均有着理论上的支撑,同时对品牌信任也有显著影响,并对微信公众号的品牌传播力、忠诚度等有社会学和心理学的支持。

二、"品牌社交—品牌信任—品牌影响力"模型构建

由第三章可知,通过扎根理论分析,得出微信公众号是一个品牌,且具有品牌社交的功能,同时微信公众号的影响力维度由其传播力、品牌忠诚度和品牌盈利能力构成。而微信公众号的内容社交、渠道社交和拟人化社交共同影响其品牌影响力。为了进一步验证品牌影响力这三个维度的作用,本书进行了模型构建(见图4—1),以内容社交、渠道社交和拟人化社交为自变量,以品牌传播力、品牌忠诚度和品牌盈利能力作为因变量,以品牌信任为中介变量,以性别和年龄为调节变量,来分析内容社交、渠道社交和拟人化社交分别对品牌影响力的三个维度的效用,并测试品牌信任的中介效应,同时检验性别和年龄的调节效应。

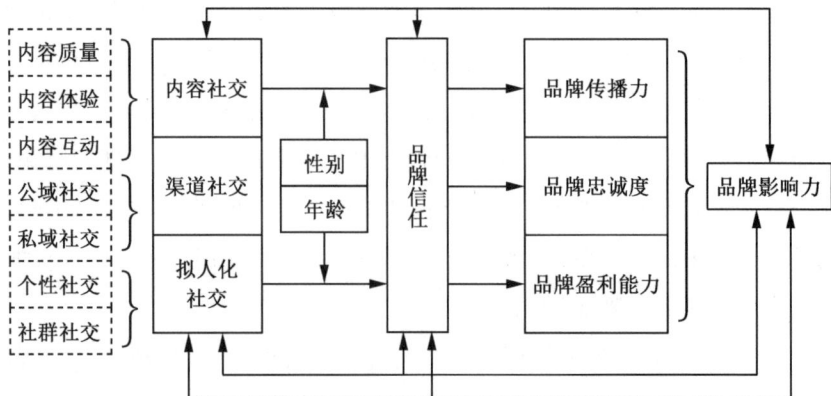

图4—1 "品牌社交—品牌信任—品牌影响力"模型

第二节　研究假设

一、内容社交对品牌信任与品牌影响力的作用

在全媒体时代,内容的质量、体验与互动正在全方位地改变着品牌的影响力。以科技期刊的品牌影响力为例,有学者发现在全媒体时代期刊可通过内容提升,借助大众媒体、微信公众号以及组织专业特点鲜明的特色文化活动等措施,提升品牌影响力(俞敏等,2016)。品牌影响力的指数构建理论认为消费者的认知、感受和评价是品牌影响力指数构建中重要的指示器(喻国明,2011)。基于文献综述和扎根理论的研究发现,微信公众号的品牌传播力、品牌忠诚度和品牌盈利能力构成了品牌影响力的三个维度。基于此,本书提出以下假设:

H1:内容社交对品牌影响力存在直接正向作用。

受众在接收到信息后会根据自身经验综合考虑信息来源和可信度、质量等方面,并分享转发的行为,就是内容的传播行为(Lumsdaine,1954)。受众在浏览微博信息时通过自身理解和感知,随后转发传播该信息,使更多人可见的一种行为倾向,是微博传播力的一种体现(付树森,2013)。网络口碑传播也是品牌传播力的一种有效途径,是指有经验的消费者通过网络平台发表意见,将产品或服务的信息传递给他人,使其从中获取相应的产品信息(Kim等,2005),并对某产品或服务的使用经验展开在线讨论(Datta等,2005)。消费者的网络口碑传播受其消费体验的影响,具体包括产品或服务质量、员工态度、空间环境氛围、消费者满意度等方面(朱小静,2020)。基于此,本书提出以下假设:

H1a:内容社交对品牌传播力存在直接正向作用。

内容营销应当符合消费者的需求,通过提升受众参与度来提高其对品牌的忠诚度以及口碑宣传的动机,而消费者在参与过程中是基于品牌知识、情感信任而产生参与行为的(Ldha等,2019)。内容营销各个维度

的价值就是品牌对消费者的营销投入,通过营销刺激,促使消费者对品牌从情感和认知上发生改变,由此实现内容营销结果,其本质就是所谓的品牌忠诚度(牛小静,2020)。基于此,本书提出以下假设:

H1b:内容社交对品牌忠诚度存在直接正向作用。

信息内容会影响信息接收者的态度、意图和行为(Katz,1973)。根据内容营销三阶段模型,品牌内容对消费者行为的影响可以通过消费者情绪,同时也可以直接影响消费者的购买行为。企业向消费者提供与特定产品有关的"营销信息"会影响消费者对该产品的态度、情感和认知,进而影响消费者对产品的购买意愿(卫军英等,2006)。从消费者心理和市场营销角度对品牌故事的内容进行分析发现,通过讲故事的形式能使品牌成为消费者心目中的偶像,从而唤醒消费者的品牌感知(Woodside 等,2010)。以培养消费者与品牌之间的长期关系和品牌忠诚为目标,借助讲故事等多种方式,通过有价值的、有娱乐性的、情感性的内容与消费者进行交流,最终将长期关系转化为购买意愿或购买决策(孙天旭,2016)。基于此,本书提出以下假设:

H1c:内容社交对品牌盈利能力存在直接正向作用。

如果重视顾客品牌参与,将有助于提高品牌的深入传播(Sheehan等,2009)。微信公众号传达出的功能性信息包括对品牌的信任、情感以及质量等。由此可知,提高品牌功能性的方式包括改进消费者的品牌体验度,以此提高其对品牌的信任度(Ha 等,2010)。消费者越信任企业的服务体系,就越有可能做出有利于企业战略健康的决策,如产生品牌认同(Kelly 等,1997)。也就是说,内容营销会引发消费者对产品的感知和态度(贺爱忠等,2014)。如果植入广告品牌与节目内容高度相关,消费者则会产生对品牌内容层面的感知,从而增强对品牌的态度。也就是说,内容与品牌关联度越高,内容包含的品牌信息越多,就越容易让消费者产生品牌认同和信任(刘丹等,2013)。基于此,本书提出以下假设:

H2:内容社交对品牌信任存在直接正向作用。

二、渠道社交对品牌信任与品牌影响力的作用

"私域空间"是相对于"公域空间"而言的概念,涵盖了非公共性的家庭生活以及公域中的个人参与。近年来,在"私域流量"传播模式的主导下,网民的信息接收和传播行为在很大程度上受其所嵌入的私域空间影响。相应地,网络舆论生态发生了极大的变化(刘凯等,2020),对品牌影响力产生了不同的影响效果。基于此,本书提出以下假设:

H3:渠道社交对品牌影响力存在直接正向作用。

有学者研究公众间关系强弱认为,社会生活中不仅存在诸如亲人、朋友、同事等接触较多的强关系,而且存在较为广泛的弱关系,并且信息传播与共享中具有重要作用的是弱关系(Mark,2004)。网络媒体与数字媒体时代借助于新媒体本身的优点,可以有针对性地根据细分市场选择受众,从而选择与特定受众沟通的媒体,有效控制信息传播过程并提高传播反馈,从而提高信息传播的效度(张琳,2010)。新电子媒介的典型核心特征是他们彼此互有关联。一种广泛的、相互联结的声音、影像与电子文本网络,使人际传播与大众传播之间、公共传播与私人传播之间的界限变得模糊,最终的结果将会是知识的多元主义以及个人化的传播控制(麦奎尔,2006)。基于此,本书提出以下假设:

H3a:渠道社交对品牌传播力存在直接正向作用。

顾客参与品牌建设有三个方面:参与行为方面、品牌认知方面以及形成品牌信任。以社交媒体为基础的品牌忠诚包括态度忠诚、口碑以及在线黏性(周伟,2020)。通过扎根理论分析,在渠道传播方面,官方传播非常靠谱、覆盖面广、可信度高,在传播时目标市场精准;通过朋友圈、一对一转发等私域渠道传播,具有稳定的社交网络、更个性化、效率高、针对性强、方便等特点,使接受转发者感觉到被重视,有较强的信用感,并分享共同的兴趣。基于此,本书提出如下假设:

H3b:渠道社交对品牌忠诚度存在直接正向作用。

企业营销活动的实质是利用消费者间广泛存在的弱关系,增强口碑

传播的效率与扩大覆盖面,而消费者口碑传播的前提与基础源于其对产品或服务的感知。只有当消费者感受到产品或服务的价值时,才会做出相应的购买决策(Lapierre,1999)。基于此,本书提出如下假设:

H3c:渠道社交对品牌盈利能力存在直接正向作用。

在研究品牌信任对品牌竞争力的关系时发现,基于网络渠道营销的品牌竞争力提升需要增强顾客信任度,从产品信任、交易信任和卖家信任三个指向入手(陈君,2021)。有学者对印度尼西亚的网络渠道营销研究发现,网络渠道的口碑对品牌信任有影响,从而影响购买决策。品牌信任对购买决策有正向显著影响(Nurhasanah 等,2021)。基于此,本书提出如下假设:

H4:渠道社交对品牌信任存在直接正向作用。

三、拟人化社交对品牌信任与品牌影响力的作用

在梳理品牌拟人化与品牌影响力的关系时发现,品牌拟人化的印象型线索对品牌认知、品牌联想有显著的正向影响,品牌拟人化的交互型线索对品牌权益有显著的正向影响;社会临场感在交互型线索和感知质量、品牌忠诚度之间发挥着部分中介的作用;自我一致性在交互型线索和品牌联想、感知质量和品牌忠诚度之间发挥着部分中介的作用(文静怡,2015)。根据扎根理论研究的结论,在拟人化社交方面,品牌是一个展示平台,具有较高的识别度和自己的特色且内容有统一调性;公众号拥有各自不同的名称,具备品牌特征和形象。公众号有流量要求,读者和运营者都对其有附加期待值。公众号呼唤高质量的微信群建设专业论坛、建立社群,运营者有较强的社交需求;同时关系的强弱影响社交的效果;线下需要组织活动从而拓展商业圈,扩大品牌的影响力。基于此,本书提出以下假设:

H5:拟人化社交对品牌影响力存在直接正向作用。

由于自媒体具有虚拟角色的类人性、沟通互动性等特征,人类与生俱来地会对外界具有类人特征的事物赋予人类特质的倾向(Lukas 等,

2010)。品牌和人一样也会有各种不同的身份特征,即品牌人格。因此,在准社会交往下,受众对品牌人做出反应(Aaker,1997)。最终消费者进行信息加工与准社会交往产生的品牌特征反应相联结,形成品牌个性感知,产生强大的品牌传播力(刘六平,2009)。基于此,本书提出如下假设:

H5a:拟人化社交对品牌传播力存在直接正向作用。

在梳理拟人化与品牌忠诚度关系时,有学者研究发现品牌的拟人化中交互型、印象型线索对品牌忠诚度有正向影响。自我品牌联结对品牌忠诚度具有正向影响;自我品牌联结在交互型线索作用于品牌态度、行为忠诚的过程中起到完全中介作用,而在印象型线索作用于品牌忠诚的过程中起到部分中介作用(薛云建等,2018)。基于此,本书提出如下假设:

H5b:拟人化社交对品牌忠诚度存在直接正向作用。

本章当品牌个性形象与消费者的个性相吻合时就能够获得相应的品牌认知,促使消费行为产生(张琳,2010)。品牌所有者通过长期持续的互动沟通促进消费的认同,从而建立起差异性的品牌形象,形成独立的品牌个性;消费者则在互动中参与到品牌精神内容的构建中,不断了解、认同和体验品牌个性,逐渐主动地把自我与该品牌个性相关联(杨静,2012)。社会互动对销售绩效也有正向影响,这种关系是由社区成员的网络中心性所介导的(张寅等,2020)。基于此,本书提出如下假设:

H5c:拟人化社交对品牌盈利能力存在直接正向作用。

本章在梳理品牌拟人化与品牌信任的关系时发现网购消费者购买意向受到品牌社区关系显著的积极作用;网购消费者购买意向受到品牌信任显著的积极作用;品牌信任在品牌社区关系和网购消费者购买意向之间具有中介效应(杨笑杨,2021)。基于此,本书提出如下假设:

H6:拟人化社交对品牌信任存在直接正向作用。

四、品牌信任的中介作用

有多名学者研究品牌信任与品牌忠诚、品牌绩效之间的中介作用。在与企业相关的其他企业中有学者发现,跨国企业利用社交媒体发布与企业相关且对消费者有用的信息,可以获得消费者的品牌信任,进而增强消费者的购买意愿,最终提升品牌绩效(张会龙等,2019),而客户对互联网企业的品牌信任度,能正向影响对其旗下互联网银行初始信任的建立,进而正向影响客户使用意向,扩大品牌影响力(张赟等,2019)。基于此,本书提出如下假设:

H7:品牌信任对品牌影响力存在直接正向作用。

数字化传播由于其传播效果的工具化、数值化、标准化,使得传播影响力的价值管理得以实现。品牌信任影响着品牌媒体投放声量或所处行业细分市场的投放声量总和,这些投放量能体现出品牌传播的企图心,同时也可横向与其他品牌的传播执行相比较,体现品牌的传播效率(吴帆,2019)。以普惠微信公众号为例,在研究品牌信任对转发意愿影响时,品牌信任的转发意愿的主效应作用显著(关鑫,2016)。基于此,本书提出如下假设:

H7a:品牌信任对品牌传播力存在直接正向作用。

从社会学和关系营销的理论研究中,可以看出当一方信任另一方的时候,就有可能形成对另一方的积极的行为倾向(金玉芳,2005)。例如,在行业购买行为中,对供应商或者供应商的销售人员的信任,就能导致对供应商的忠诚(Cannon等,2010)。这种关系同样可以应用到消费者与品牌的关系当中。当一个消费者信任一个品牌的时候就会产生对该品牌的忠诚(Lau等,1999)。基于此,本书提出如下假设:

H7b:品牌信任对品牌忠诚度存在直接正向作用。

在梳理品牌信任与品牌盈利能力之间的关系时发现,品牌信任在感知产品创新和购买意愿之间起部分中介作用,即感知产品创新程度越高,越会增加品牌信任,继而增强消费者对新产品的购买意愿,企业可以通过增加品牌可靠性和善行度,增加新产品的购买意愿(王肖会,2020)。本书在研究品牌形象对购买行为的影响时,发现通过品牌形象、品牌信任会影响购买行为(杨飞,2020)。基于此,本书提出如下假设:

H7c:品牌信任对品牌盈利能力存在直接正向作用。

基于假设 H2 内容社交对品牌信任存在直接正向作用,和 H7 品牌信任对品牌影响力存在直接正向作用,本书提出如下假设:

H8:品牌信任在内容社交和品牌影响力之间起中介作用。

基于假设 H2 内容社交对品牌信任存在直接正向作用,和 H7a 品牌信任对品牌传播力存在直接正向作用,本书提出如下假设:

H8a:品牌信任在内容社交和品牌传播力之间起中介作用。

基于假设 H2 内容社交对品牌信任存在直接正向作用,和 H7b 品牌信任对品牌忠诚度存在直接正向作用,本书提出如下假设:

H8b:品牌信任在内容社交和品牌忠诚度之间起中介作用。

基于假设 H2 内容社交对品牌信任存在直接正向作用,和 H7c 品牌信任对品牌盈利能力存在直接正向作用,本书提出如下假设:

H8c:品牌信任在内容社交和品牌盈利能力之间起中介作用。

基于假设 H4 渠道社交对品牌信任存在直接正向作用,和 H7 品牌信任对品牌影响力存在直接正向作用,本书提出如下假设:

H9:品牌信任在渠道社交和品牌影响力之间起中介作用。

基于假设 H4 渠道社交对品牌信任存在直接正向作用,和 H7a 品牌信任对品牌传播力存在直接正向作用,本书提出如下假设:

H9a:品牌信任在渠道社交和品牌传播力之间起中介作用。

基于假设 H4 渠道社交对品牌信任存在直接正向作用,和 H7b 品牌信任对品牌忠诚度存在直接正向作用,本书提出如下假设:

H9b:品牌信任在渠道社交和品牌忠诚度之间起中介作用。

基于假设 H4 渠道社交对品牌信任存在直接正向作用,和 H7c 品牌信任对品牌盈利能力存在直接正向作用,本书提出如下假设:

H9c:品牌信任在渠道社交和品牌盈利能力之间起中介作用。

基于假设 H6 拟人化社交对品牌信任存在直接正向作用,和 H7 品牌信任对品牌影响力存在直接正向作用,本书提出如下假设:

H10:品牌信任在拟人化社交和品牌影响力之间起中介作用。

基于假设 H6 拟人化社交对品牌信任存在直接正向作用,和 H7a 品

牌信任对品牌传播力存在直接正向作用,本书提出如下假设:

H10a:品牌信任在拟人化社交和品牌传播力之间起中介作用。

基于假设 H6 拟人化社交对品牌信任存在直接正向作用,和 H7b 品牌信任对品牌忠诚度存在直接正向作用,本书提出如下假设:

H10b:品牌信任在拟人化社交和品牌忠诚度之间起中介作用。

基于假设 H6 拟人化社交对品牌信任存在直接正向作用,和 H7c 品牌信任对品牌盈利能力存在直接正向作用,本书提出如下假设:

H10c:品牌信任在拟人化社交和品牌盈利能力之间起中介作用。

五、性别、年龄的调节作用

对于性别与传播、性别与忠诚以及性别差异带来购物意愿的研究颇为丰富。有研究表明,媒介使用对女性参与公共事务行为具有多重影响。具体而言,媒介使用对女性公共事务话语参与和行动参与均具有直接促进作用;媒介使用通过性别角色观念的中介作用对女性公共事务话语参与产生间接影响;媒介使用通过公民参与意识的中介作用对女性公共事务话语参与和行动参与产生间接影响;媒介使用通过性别角色观念和公民参与意识的链式中介作用对女性公共事务话语参与和行动参与产生间接影响(余来辉等,2021)。不同性别的消费者对品牌忠诚的感知因素存在显著差异(Taleghani 等,2012),而积极的消费者对品牌参与、感知质量和品牌热爱在品牌性别和品牌忠诚之间有着重要作用。因此,清晰的品牌性别定位能起到重要好处,即强烈的性别认同将提高对品牌的忠诚度(Carvalho 等,2020)。在研究功能性、象征性价值对品牌忠诚的影响时,性别差异和品牌差异对上述影响的调节作用及象征性价值对品牌忠诚的影响存在性别差异,其作用女性强于男性(邹德强等,2007)。在公司的品牌作用发挥上,女性董事初期对公司品牌价值并无较好的影响,但在递延效果中将逐渐好转(萧志怡等,2021)。基于此,本书提出如下假设:

H11:性别在品牌社交和品牌影响力中起调节作用。

在对年龄相关的研究中,有学者通过面板数据,研究人口年龄结构、性别结构与居民消费之间的关系后发现少儿抚养比、老年抚养比与居民消费率正相关,人口性别比系数为正,但稳健性较差,养老保险覆盖率的上升并未显著提升居民消费率(邱俊杰等,2014);也有学者探讨了大学生中的口碑传播效应,发现大学生群体的品牌口碑、品牌互动与传播效果显著正相关,品牌体验与传播效果呈现一定的负相关关系(郭文月等,2019)。对中国信用卡的消费群体特征的多元统计分析发现,年轻群体相比其他年龄群体对于信用卡的接受度、认同度、透支程度、及时还款程度都是最高的(董志勇等,2007)。有学者研究了年龄对消费意愿的影响,发现成年子女的家庭代际支持对老年人旅游消费意愿的影响,并探讨了心理资本的中介作用(姚延波等,2020)。也有学者基于年龄阶段细分市场,以消费者为出发点,针对儿童、成年人和老年人,利用社交媒体,采用信息流广告等形式,让消费者参与宣传互动,形成浸泡式体验营销,从而带来购买意向(左辉,2014)。基于此,本书提出如下假设:

H12:年龄在品牌社交和品牌影响力中起调节作用。

第三节 本章小结

本章以内容社交、渠道社交和拟人化社交作为自变量,以品牌传播力、品牌忠诚度和品牌盈利能力作为因变量,以品牌信任作为中介变量,以性别和年龄作为调节变量,分析内容社交、渠道社交和拟人化社交分别对品牌影响力的三个维度的效用,并测试品牌信任的中介效应以及性别和年龄的调节效应。基于此变量关系,本章构建了"品牌社交—品牌信任—品牌影响力"的结构模型,并提出了本书的假设。假设内容如表4—1所示。

表 4—1   研究假设汇总表

序号	假设内容
1	H1：内容社交对品牌影响力存在直接正向作用。
2	H1a：内容社交对品牌传播力存在直接正向作用。
3	H1b：内容社交对品牌忠诚度存在直接正向作用。
4	H1c：内容社交对品牌盈利能力存在直接正向作用。
5	H2：内容社交对品牌信任存在直接正向作用。
6	H3：渠道社交对品牌影响力存在直接正向作用。
7	H3a：渠道社交对品牌传播力存在直接正向作用。
8	H3b：渠道社交对品牌忠诚度存在直接正向作用。
9	H3c：渠道社交对品牌盈利能力存在直接正向作用。
10	H4：渠道社交对品牌信任存在直接正向作用。
11	H5：拟人化社交对品牌影响力存在直接正向作用。
12	H5a：拟人化社交对品牌传播力存在直接正向作用。
13	H5b：拟人化社交对品牌忠诚度存在直接正向作用。
14	H5c：拟人化社交对品牌盈利能力存在直接正向作用。
15	H6：拟人化社交对品牌信任存在直接正向作用。
16	H7：品牌信任对品牌影响力存在直接正向作用。
17	H7a：品牌信任对品牌传播力存在直接正向作用。
18	H7b：品牌信任对品牌忠诚度存在直接正向作用。
19	H7c：品牌信任对品牌盈利能力存在直接正向作用。
20	H8：品牌信任在内容社交和品牌影响力之间起中介作用。
21	H8a：品牌信任在内容社交和品牌传播力之间起中介作用。
22	H8b：品牌信任在内容社交和品牌忠诚度之间起中介作用。
23	H8c：品牌信任在内容社交和品牌盈利能力之间起中介作用。
24	H9：品牌信任在渠道社交和品牌影响力之间起中介作用。
25	H9a：品牌信任在渠道社交和品牌传播力之间起中介作用。
26	H9b：品牌信任在渠道社交和品牌忠诚度之间起中介作用。

续表

序号	假设内容
27	H9c:品牌信任在渠道社交和品牌盈利能力之间起中介作用。
28	H10:品牌信任在拟人化社交和品牌影响力之间起中介作用。
29	H10a:品牌信任在拟人化社交和品牌传播力之间起中介作用。
30	H10b:品牌信任在拟人化社交和品牌忠诚度之间起中介作用。
31	H10c:品牌信任在拟人化社交和品牌盈利能力之间起中介作用。
32	H11:性别在品牌社交和品牌影响力中起调节作用。
33	H12:年龄在品牌社交和品牌影响力中起调节作用。

第五章　研究设计

本章主要探讨本书的研究设计和研究方法,包括问卷的设计、变量的选取和测量以及分析方法和分析工具的说明,为接下来的实证检验做好准备。

第一节　问卷设计

为确保量表的信度和效度,本书参考已有研究的成熟量表,并根据符合社交媒体传播的特征和中国社交情境,加上第三章中对扎根理论分析的结果,对成熟量表稍作修改。问卷由四部分组成:第一部分由人口统计问题组成,包括被试的性别、年龄、学历、职业、婚否和收入,主要用来测试被试的样本分布情况。第二部分问卷旨在测试品牌影响力的维度。对于品牌影响力的测量,本书借鉴 Bergh(2011)和 Jalkanen(2012)的研究,从品牌传播力、品牌忠诚度和品牌盈利能力三个方面共 10 个测项进行测量。第三部分旨在测试品牌社交与品牌影响力的关系,包括以下三个方面:(1)测量内容社交与品牌影响力的关系。内容社交的量表共 9 个测项,借鉴傅慧芬等(2016)和周懿瑾(2013)等的量表,衡量内容社交对品牌影响力的作用。(2)旨在测试渠道社交与品牌影响力的关系。渠道社交的量表共 6 个测项,借鉴了辛文娟(2012)等对于微博的传播量表,衡量渠道社交对于品牌影响力的作用。(3)旨在测试拟人化社交与品牌影响力的关系。拟人化社交的量表共 6 个测项,借鉴 Keller(1993)、Aaker (1996)和 Plummer(1995)等的研究。第四部分旨在测量品牌信任与品牌社交和品牌影响力之间的中介关系,共 3 个测项,借鉴参考 Koufaris (2004)、余眺(2013)和熊国钺等(2019)等的量表。

为了提高调查问卷的科学性,得到一个更有效度和信度的问卷,确保研究的严谨和科学,预调研是很重要的步骤(Greco,1987)。通过对初始版本的问卷的修改,最终问卷可以更加完善。如果一开始就进行大样本的问卷,万一数据不理想或拟合度差,重新进行数据的收集则十分耗费时间和精力(风笑天,1994)。本书研究的对象是微信公众号,而且是基于消费者视角的研究,所以只要关注公众号的网友均可参加。预调研直接通过问卷星平台发放。预调研在 2020 年 1 月完成,共收到 46 份问卷,删除不合格的问卷后,最终获得有效问卷 42 份,问卷有效率为 91.3%。42 份有效问卷中的数据在经过初步的 SPSS 分析后均显示出良好的信度、效度,故本研究用于正式的大样本调研的问卷未做调整和改进。

为保证数据的有效性,本书主要采取以下几种方式对调研对象和数据质量进行控制:第一,筛选问卷填写时间。经过前期的预填问卷,发现最少完成时间为 111 秒,最多完成时间为 423 秒,因此根据答题时间剔除了低于 90 秒的问卷,共 8 份。第二,根据本书研究,剔除掉问题 7"您关注的微信公众号的数量有多少?"和问题 8"下列这些公众号您关注过吗?"中答案相互矛盾的问卷,删除问题 7 为"1,5-10"个,而问题 8 为"公众号>10"的问卷,无相互矛盾的答卷。第三,删除问卷中填写过于一致,如所有题项全部填写同一个分值,共 17 份。第四,删除了人口统计中"未成年"的选项,共计 2 份。第五,删除了问题 8"下列公众号您关注过吗?"中的选项"以上都没有关注过"与勾选其中一个相矛盾的问卷,共 1 份。问卷共 3 个构念、7 个维度、34 个题项,满足结构方程模型(SEM)对数据量 5-10 倍的要求。

在问卷开始之前,本书设计了 3 个问题,分别是"7. 您关注的微信公众号的数量有多少?""10. 您每天阅读公众号文章及相关链接的时间约为多长?""11. 迄今为止,在所有微信公众号中的总消费金额(如购买其推荐的产品、付费订阅、会员费等)是多少?"这 3 个问题用来分析用户的微信公众号阅读习惯及关注的微信号类型,交叉验证后面微信公众号的主要功能。

第二节　变量选取

经过文献整理和基于扎根理论的研究,本书选取了内容社交、渠道社交和拟人化社交作为自变量,选取品牌传播力、品牌忠诚度和品牌盈利能力作为因变量,选取品牌信任作为中介变量,将性别和年龄作为调节变量。

一、自变量

(一)内容社交

内容营销需要企业自主发布与消费者利益相关、有价值、有吸引力的内容,提高顾客忠诚度,最终引发购买行为(Pulizzi 等,2009;Lieb 等,2011)。微信公众号内容营销策略的内容有必要涵盖功能性信息和娱乐性信息(傅慧芬等,2016),这都说明了阅读内容质量对微信公众号的品牌影响力产生了作用。

内容营销的核心优势在于能够短期与消费者建立联系,获得共鸣,从而提高消费者的品牌忠诚度(刘捷等,2019)。内容体验从心理层面来说,顾客互动参与是顾客在交易过程中追求情感、被尊重、被认可、自我实现等更高层次心理需求满足的结果(Kellogg 等,1997)。内容营销与品牌认同呈正相关关系,品牌认同与消费者品牌忠诚呈正相关关系(罗萧等,2019)。内容体验是内容社交的重要维度,对微信公众号的品牌影响力起作用。

与消费者直接对话和创造持久的消费者价值是内容营销比较特别的两个动机(Ives,2008)。在内容营销时,涵盖功能性信息和娱乐性信息是有必要的,品牌互动和社交互动是社交的要素(傅慧芬等,2016)。对话、讲故事和顾客互动参与是内容营销的三个重要维度。顾客互动参与是内容营销成功的关键之一，也是内容营销与传统营销的重要区别之一（周懿瑾，2013）。由此，内容互动会对品牌影响力产生作用。

内容会影响信息接收者的态度、意图和行为（Katz 等，1973），也可以直接影响消费者的购买行为。企业向消费者提供与特定产品有关的"营销信息"会影响消费者对该产品的态度、情感和认知，进而影响消费者对产品的购买意愿（卫军英等，2006）。从扎根理论的分析中也能得到内容社交中的内容质量、内容体验和内容互动会对品牌影响力产生作用。

自变量的选取综合了文献和扎根理论的分析结论。由此，选取内容社交作为品牌影响力的自变量之一。

（二）渠道社交

人际传播是最基本的传播形式（薛可等，2012）。社交媒体崛起后，精英主导的政治传播活动逐渐被消解，新型网络公共领域开始形成，以社交媒体为主要形态的全球传播公域开始展露其独特的魅力（哈贝马斯，1999）。网络公共领域是一种真实而虚拟的存在，不分性别、年龄、民族和社会地位。在网络公共领域中每个人都具有平等的权利。亲环境行为可分为私域行为和公域行为，其公共性体现在公域行为之中（杨奎臣等，2017）。公域社交渠道会对品牌的影响力产生作用。

在这两个领域的行为作用上，两个渠道发挥着不一样的作用。两个渠道的潜在市场份额、信息预测精度、渠道的竞争强度对信息分享各渠道成员绩效产生了不一样的影响（艾兴政等，2008）。微博在新闻信息传递功能上具有独特的优势，但是 SNS 在原有的生活圈子以及 SNS 中形成的好友圈的信息传播方面拥有微博无法替代的优势（辛文娟等，2012）。而品牌信息的扩散以人际传播为基础，在微信公众号用户与意见领袖以及用户间交流互动中提升品牌认知度、知名度、美誉度等。由此，私域社交渠道会对品牌的影响力产生作用。

综合文献资料和扎根理论分析，渠道社交的两个维度即公域社交和私域社交均对品牌影响力有作用，所以选取渠道社交作为自变量之一。

（三）拟人化社交

品牌的个性与消费者的个性越接近，或者与他们所崇尚或追求的个性越接近，越容易得到消费者的共鸣，使消费者对其产生一种认同感，满足消费者的情感需求，拉近品牌与消费者之间的距离，增强购买欲望（Schouten，1991）。而在谈到品牌人格化时，人格化品牌人格维度对自我和谐的影响大于非人格化品牌人格维度（Liu 等，2019）。微信公众号本身依托强大的社交媒体平台进行公众号自身的品牌社交活动就显得更有必要（李思慧等，2020）。品牌个性影响着品牌的影响力。

在网络虚拟社区，系统支持、社群价值、表达的自由、奖励和获得认可是消费者参与在线品牌社群的主要动因（高志敏，2016），而社群互动行为积极影响网络关系结构和品牌认同，网络关系结构积极影响品牌认同（杜佳，2018），品牌社群也影响着品牌的影响力。

综合文献资料和扎根理论分析，拟人化社交的两个维度即个性社交和品牌社群均对品牌影响力有作用，所以选取拟人化社交作为自变量之一。

二、因变量

（一）品牌传播力

品牌影响力的评价指标主要包括品牌认知度、品牌知名度、品牌美誉度、品牌满意度、品牌忠诚度、市场占有率等（Bergh 等，2011；Jalkanen，2012）。在社交媒体时代，品牌的影响力已经与社会网络密切联结，形成了独特的维度。社会化媒体参与、公开、交流、对话、社区化、连通性的特点使其成为品牌文化传播的重要平台（张继周，2014）。为达到高效的传播效果，传播者必须展示出一定程度的传播力（Graham 等，2014）。传播力的主导优势是媒介真实、正确、积极和健康的内容产生的竞争力，表现为正义的思想倾向激活受众感官的能量，使媒介发挥重要的作用。意见领袖以微博为"基地"搭建用户间交互新模式，提升了企业品牌影响力（王晓宇,2015)。在自媒体发挥作用的当下,对于微信公众号这类自媒体,传播力是衡量其品牌影响力的维度之一,故本书选取品牌传播力作为因变量之一。

(二)品牌忠诚度

品牌忠诚代表了对特定品牌的偏好态度,这种态度导致稳定一致的购买行为(Hundley,1987)。品牌忠诚除了有重复购买的行为表现外,还必须有一个对品牌强烈持久的积极态度(Alan 等,1994)。品牌忠诚由于导致重复购买,增加了消费者对特定品牌的经验,从而也增加了品牌和产品知识(Ratchford,2001),而风险会降低多样化选择的倾向,巩固品牌忠诚度(Erdem,1998)。品牌忠诚度直接影响到品牌的影响力,是品牌影响力的维度之一,故本文选取品牌忠诚度作为因变量之一。

(三)品牌盈利能力

品牌影响力从某种程度上来说是影响消费者的购买决策的能力(郦红艳,2002),其未来的市场价值同样是品牌资产的一种(罗磊等,2005)。网络媒体时代,实现盈利能力最重要的就是有足够的流量。网站流量指网站的访问量,用来描述访问一个网站的用户数量以及用户所浏览的页面数量等指标。常用的统计指标包括网站的独立用户数量 UV、总用户数量(含重复访问者)、页面浏览数量 PV、每个用户的页面浏览数量、用户在网站的平均停留时间等。短链点击平均数指标、微博浏览量、粉丝增长数、真实粉丝数这四个因素影响着微博的盈利能力(鄢庆涛,2015)。社交媒体博主能够通过专业性和可信度的机制来改变消费者的态度和提高购买意愿,这种可信已被证明对品牌意图产生积极影响(黄彦藜,2020)。盈利能力成为品牌影响力的维度之一,故本书选取品牌盈利能力作为因变量之一。

由于微信公众号特殊的传播渠道和传播方式,综合了文献研究和扎根理论的分析结果,因此在微信公众号的品牌影响力方面,我们选择符合特征的三个维度,分别是品牌传播力、品牌忠诚度和品牌盈利能力。

三、中介变量

中介变量是自变量对因变量发生影响的中介，是自变量对因变量产生影响的实质性的、内在的原因。刺激与反应之间存在着一系列不能被直接观察到的但可以根据引起行为的先行条件及最终的行为结果本身推断出来的中介因素（托尔曼，2010）。消费者倾向于将某些品牌视为生活中的伙伴、朋友，视为自我形象的延伸或自我概念的外在展示，因此，品牌是消费者建立信任关系的有效目标（Fournier，1998）。可靠性、安全性和诚实是构成品牌信任的主要方面（Holbrook，2001）。消费者品牌信任的结构包含品牌形象、质量水平、品牌认同度和企业价值观四个维度（于春玲等，2004）。

综合文献研究和扎根理论的分析结果，本书发现信任几乎在每个访谈者中都多次出现，无论是在内容社交、渠道社交还是拟人化社交中，对公众号作者的信任对于微信公众号的品牌传播力、品牌忠诚度和品牌盈利能力都有着重要的作用，所以把品牌信任作为中介变量来进行研究。

四、调节变量

调节变量是指如果因变量与自变量的关系受到第三个变量的影响，则第三个变量就是调节变量。调节变量可以是定性的，如性别、种族、学校类型等，也可以是定量的，如年龄、受教育年限、刺激次数等，它影响因变量和自变量之间关系的方向（正或负）和强弱（温忠麟等，2006）。

性别对品牌影响力的调节作用研究并不少见。通过对消费者品牌忠诚度影响因素进行分析发现，在乳制品的购买者中，性别、收入和自我生活态度是影响消费者品牌忠诚度的主要因素（侯莹莹等，2013）。在对大学生人格特质与微信使用行为的研究中发现，无聊情绪影响的性别差异随着高唤醒程度的提升，女性大学生微信使用强度增大（刘利群等，2021）。在对性别与品牌忠诚度的研究中发现，以女性群体为主的社群用户,虚拟品牌社群体验各维度对用户沉浸和用户信任均具有正向影响,但影响程度存在差异(叶晶,2020)。不少研究专门把这两个因子作为调节因素来分析,探讨年龄与性别对手机使用者品牌忠诚度与顾客满意度的影响(Gaur 等,2014),成员的积极参与通过品牌承诺直接或间接地影响品牌忠诚度。感知的利益和成本提高了社区成员的积极参与。成员年龄不影响这一效应;年轻成员和老年成员同样受到感知收益和成本的影响,男性比女性更受利益感知的影响(Kamboj 等,2016)。

综合文献研究和扎根理论的分析结果,本书将性别和年龄作为调节变量,考察其在品牌社交对品牌影响力作用时的调节效应。

第三节　变量测量

一、自变量

(一)内容社交

内容社交是指微信公众号或内容生产者利用发表内容来进行品牌间或与阅读者之间进行的社交活动。内容社交有三个维度,分别是内容质量、内容体验和内容互动。

1.内容质量

内容质量指内容的深度、内容的专业度、信息的权威性、内容的丰富程度、内容的功能性、内容的时效性和更新频率等多个方面。基于上述研究,本书参考 Berger 等(2011)、刘志明(2011)、周懿瑾(2013)和刘果(2014)的研究成果,用 3 个测项来测量微信公众号的内容质量。这 3 个测项分别是:(1)微信公众号提供的信息语言表达规范;(2)微信公众号内容的原创数较多;(3)微信公众号在某一领域具有丰富经验。

本章在观测时运用李克特 5 级测量量表对变量进行测量,具体提出了 X111—X113 的 3 个测项,被试根据认为的重要程度打分,1 分不重要,5 分很重要,详见表 5—1。

表5-1 内容质量的测项

变　　量	编　号	测量问项	参考文献
内容质量	X111	微信公众号提供的信息语言表达规范	Berger(2011)、刘志明(2011)、周懿瑾(2013)、刘果(2014)
	X112	微信公众号内容的原创数较多	
	X113	微信公众号在某一领域具有丰富经验	

2. 内容体验

内容体验是指对公众号内容的感兴趣程度。内容是否有趣,是内容体验的组成部分。内容体验由内容有趣有用和对内容感兴趣两个维度构成。基于上述研究,本书参考Koufaris(2004)、Chang等(2012)、赖元薇(2017)的研究成果,用三个测项来测量微信公众号的内容体验。这三个测项分别是:(1)微信公众号发布的内容令人享受;(2)我控制不住自己反复打开微信公众号的行为;(3)我现在花在微信公众号上的时间,比我一开始接触它的时候多。

本章在观测时运用李克特5级测量量表对变量进行测量,具体提出了X121-X123 3个测项。被试根据认为的重要程度打分,1分不重要,5分很重要,详见表5-2。

表5-2 内容体验的测项

变　　量	编　号	测量问项	参考文献
内容体验	X121	微信公众号发布的内容令人享受	Koufaris(2004)、Chang等(2012)、赖元薇(2017)
	X122	我控制不住自己反复打开微信公众号的行为	
	X123	我现在花在微信公众号上的时间,比我一开始接触它的时候多	

3. 内容互动

内容互动指"大V"对流量的引导、转发、推荐、口碑、流量转换等,这些都是阅读过程中互动的具体表现。互动行为由流量"大V"和内容互动等行为构成。基于上述研究,本书参考刘志明(2011)、生奇志(2013)和吴英女(2014)的研究成果,用3个测项来测量微信公众号的内容互动。这

3 个测项分别是：(1)我经常参与呼应公众号所分享信息的讨论；(2)通过与微信公众号的交流互动，我会转发其传播的信息；(3)我会经常回复我喜欢的微信公众号作者。

本章在观测时运用李克特 5 级测量量表对变量进行测量，具体提出了 X131—X133 3 个测项。被试根据认为的重要程度打分，1 分不重要，5 分很重要，详见表 5—3。

表 5—3　　　　　　　　　　　内容互动的测项

变　量	编　号	测量问项	参考文献
内容互动	X131	我经常参与呼应公众号所分享信息的讨论	刘志明(2011)、生奇志(2013)、吴英女(2014)
	X132	通过与微信公众号的交流互动，我会转发其传播的信息	
	X133	我会经常回复我喜欢的微信公众号作者	

(二)渠道社交

渠道社交是指微信公众号或内容生产者利用传播渠道来进行品牌间或与阅读者之间进行的社交活动。渠道社交有两个维度，分别是公域社交和私域社交。

1.公域社交

公域社交是指运用政府、企业、事业单位等进行营销或宣传的官方宣传渠道进行社交活动的行为。官方传播非常靠谱、覆盖面广、可信度高，在传播时目标市场精准。基于上述研究，本书参考辛文娟(2012)、吴媚(2015)和聂勇浩(2019)等的研究成果，用 3 个测项来测量微信公众号的公域社交。这 3 个测项分别是：(1)公域传播的信息更具真实性，值得信任；(2)我愿意接收、分享来自官方渠道的信息；(3)公域的传播让我乐于与共同喜欢同一公众号的人交流。

本章在观测时运用李克特 5 级测量量表对变量进行测量，具体提出了 X211—X213 3 个测项。被试根据认为的重要程度打分，1 分不重要，5 分很重要，详见表 5—4。

表 5—4 公域社交的测项

变 量	编 号	测量问项	参考文献
公域社交	X211	公域传播的信息更具真实性、值得信任	辛文娟(2012)、吴媚(2015)、聂勇浩(2019)
	X212	我愿意接收、分享来自官方渠道的信息	
	X213	公域的传播让我乐于与共同喜欢同一公众号的人交流	

2.私域社交

私域社交是指通过个人或朋友圈、一对一转发等渠道的传播行为。私域社交具有稳定的社交网络、更个性化、效率高、针对性强、方便等特点,使接受转发者感觉到被重视,有较强的信用感,并分享共同的兴趣。基于上述研究,本书参考俞轶楠等(2012)、Ross 等(2009)的研究成果,用3 个测项来测量微信公众号的私域社交。这三个测项分别是:(1)我经常转发和阅读好友分享的文章;(2)有需要时,我会向我的微信好友或公众号咨询相关信息;(3)我希望我关注的公众号能得到其他使用者的评论和转发。

本章在观测时运用李克特 5 级测量量表对变量进行测量,具体提出了 X221—X223 3 个测项。被试根据认为的重要程度打分,1 分不重要,5分很重要,详见表 5—5。

表 5—5 私域社交的测项

变 量	编 号	测量问项	参考文献
私域社交	X221	我经常转发和阅读好友分享的文章	俞轶楠(2012)、Ross 等(2009)
	X222	有需要时,我会向我的微信好友或公众号咨询相关信息	
	X223	我希望我关注的公众号能得到其他使用者的评论和转发	

(三)拟人化社交

拟人化社交是指微信公众号或内容生产者利用品牌的拟人化特征来

进行品牌间或与阅读者之间进行的社交活动。拟人化社交有两个维度，分别是个性社交和社群社交。

1. 个性社交

个性社交是指微信公众号通过让读者相信其公众号是一个品牌、是一个展示平台，具有较高的识别度和自己的特色且内容有统一调性从而进行社交的行为。公众号拥有各自不同的名称，具备品牌特征和形象。公众号有流量要求，读者和运营者都对其有附加期待值。基于上述研究，本书参考 Keller(1993)、Aaker(1996)和 Plummer(1995)的研究成果，用3个测项来测量微信公众号的个性社交。这3个测项分别是：(1)微信公众号的内容赋予了部分其品牌独特的个性；(2)微信公众号有各自的品牌特征；(3)我从微信公众号中找到类似友谊和交往的感觉。

本章在观测时运用李克特5级测量量表对变量进行测量，具体提出了 X311—X313 3个测项。被试根据认为的重要程度打分，1分不重要，5分很重要，详见表5—6。

表5—6　　　　　　　　　　　　个性社交的测项

变　量	编　号	测量问项	参考文献
个性社交	X311	微信公众号的内容赋予了部分其品牌独特的个性	Keller(1993)、Aaker(1996)、Plummer(1995)
	X312	微信公众号有各自的品牌特征	
	X313	我从微信公众号中找到类似友谊和交往的感觉	

2. 社群社交

社群社交是指通过高质量的微信群、专业论坛等社群来进行社交的行为。关系的强弱影响着社交的效果，线下需要组织活动来拓展商业圈，从而进行社群社交。基于上述研究，本书参考 Hoffman 等(1995)、McAlexander 等(2002)、卢艳峰(2006)和范晓屏(2007)的研究成果，用3个题项来测量微信公众号的社群社交。这3个测项分别是：(1)我愿意与微信公众号的作者和回复成员对话沟通，交流感情，建立关系；(2)我在社群提出的话题,可获得其他成员的积极响应;(3)我经常参与微信公众号社群中其他社群成员的话题,共同讨论,相互帮助。

本章在观测时运用李克特5级测量量表对变量进行测量,具体提出了X321—X323 3个测项。被试根据认为的重要程度打分,1分不重要,5分很重要,见表5—7。

表5—7　　　　　　　　　　　　社群社交的测项

变　量	编　号	测量问项	参考文献
社群社交	X321	我愿意与微信公众号的作者和回复成员对话沟通,交流感情,建立关系	Hoffman 等(1995)、McAlexander 等(2002)、卢艳峰(2006)、范晓屏(2007)
	X322	我在社群提出的话题,可获得其他成员的积极响应	
	X323	我经常参与微信公众号社群中其他社群成员的话题,共同讨论,相互帮助	

二、中介变量

品牌社交通过消费者对品牌的信任进而对品牌影响力起作用。信任是一种基于对另一方的行为或意向的正面预期的一种心理状态,包括准备接受伤害的意向(Rousseau 等,1998)。认知信任对购买意愿有正向影响(江若尘等,2013),品牌信任度对企业社会责任与顾客忠诚度之间的关系也起到了部分中介作用(陈晓峰,2014),消费者品牌信任在品牌可靠性与消费者品牌忠诚度之间起着中介作用(王军,2016)。基于上述研究,本书参考 Koufaris(2004)、余眺(2013)和熊国钺等(2019)的研究成果,用3个测项来测量微信公众号的品牌信任。这3个测项分别是:(1)我喜欢的公众号的承诺是可靠的;(2)我相信微信公众号传达出的信息或推荐的产品;(3)我相信公众号中的打折、促销、抽奖等信息和活动。

本章在观测时运用李克特5级测量量表对变量进行测量,具体提出了Z111—Z113 3个测项。被试根据认为的重要程度打分,1分不重要,5分很重要,见表5—8。

表 5—8 品牌信任的测项

变 量	编 号	测量问项	参考文献
品牌 信任	Z111	我喜欢的公众号的承诺是可靠的	Koufaris(2004)、 余眺(2013)、 熊国钺等(2019)
	Z112	我相信微信公众号传达出的信息或推荐的产品	
	Z113	我相信公众号中的打折、促销、抽奖等信息和活动	

三、因变量

品牌影响力由品牌传播力、品牌忠诚度和品牌盈利能力三个维度构成。

1. 品牌传播力

品牌传播力是指自媒体通过网络技术的传播能力。网络上对微信公众号的品牌传播力通常用新榜、清博大数据和西瓜助手三个榜单及指数来指导和评价。

新榜指数根据微信公众号的发布数量、总阅读数、头条、平均阅读量、最高阅读量、总在看数共 6 个指标来定义公众号的排行榜。清博大数据发布了 2020 年每一个微信公众号的年度报告,只要输入具体的微信公众号名称,就能得到其年度估值报告。以公众号"格十三"为例,2020 年其比较活跃,估值约为 1.6 亿;全年阅读总量为 19 000 万,全年点赞总量为 18 万,与 2019 年相比降低了 1.38%,全年点赞数降低了 33.29%;全年发布了 215 次,发文篇数为 307 篇,原创篇数为 190 篇,平均日发布 0.6 次,平均日发布 0.8 篇文章;其年度热词前三分别是"英语、教师和中年妇女";评出了年度最佳文章,其传播指数为 1 134,比上年下降了 1.82%;获得了"厉害了我的哥"的年度标签。风格传播力指数分别有公众号估值、阅读情况、发文情况、发文习惯、年度热词、年度最佳文章、传播指数、年度标签 8 个指标。西瓜助手对微信公众号的榜单基于文章数、平均阅读、平均点赞这三个指标。

基于上述研究,本书参考清博大数据、新榜指数等的研究成果,用 4 个测项来测量微信公众号的品牌传播力。这 4 个测项分别是:(1)公众号平均阅读量很重要;(2)公众号平均在看(点赞)数很重要;(3)公众号最高阅读量很重要;(4)公众号最高在看(点赞)数很重要。

在观测品牌传播能力时,本章运用李克特 5 级测量量表对变量进行测量,具体提出了 Y111－Y114 4 个测项。被试根据认为的重要程度打分,1 分不重要,5 分很重要,详见表 5－9。

表 5－9　　　　　　　　　　　品牌传播力的测项

变　量	编　号	测量问项	参考文献
品牌传播力	Y111	公众号平均阅读量很重要	新榜指数、清博大数据
	Y112	公众号平均在看(点赞)数很重要	
	Y113	公众号最高阅读量很重要	
	Y114	公众号最高在看(点赞)数很重要	

2.品牌忠诚度

品牌忠诚度指品牌运营者要真诚经营,提高品质,增强用户黏性,警惕"僵尸粉",培育深度粉丝,积极寻求反馈,建立深度信任,培养忠诚感,同时小心防范信用风险。基于上述研究,本书参考 Gounaris 等(2004)、赖元薇(2017)和阳简(2020)等的研究成果,用 3 个测项来测量微信公众号的品牌传播力。这 3 个测项分别是:(1)我几乎每天都来浏览我喜欢的公众号;(2)我不会轻易否定我喜欢的公众号;(3)同样的产品推荐,我会考虑从我喜欢的公众号平台下单。

本章在观测品牌忠诚度时运用李克特 5 级测量量表对变量进行测量,具体提出了 Y211－Y213 3 个测项。被试根据认为的重要程度打分,1 分不重要,5 分很重要,详见表 5－10。

表 5－10　　　　　　　　　　　品牌忠诚度的测项

变　量	编　号	测量问项	参考文献
品牌忠诚度	Y211	我几乎每天都来浏览我喜欢的公众号	Gounaris 等(2004)、赖元薇(2017)、阳简(2020)
	Y212	我不会轻易否定我喜欢的公众号	
	Y213	同样的产品推荐,我会考虑从我喜欢的公众号平台下单	

3.品牌盈利能力

品牌盈利能力是指自媒体通过自己的品牌社交行为,产生产品或服务的销售行为和产生利润的能力。目前微信自媒体的主要盈利模式有会员、音频课程、音视频直播、线下讲座、线下课程培训以及图书出版等(金海容,2018)。互动合作、参与价值创造会对企业盈利能力产生影响(娄亚茹,2019)。基于上述研究,本书参考 Cole 等(1993)、Bergh 等(2011)和 Jalkanen 等(2012)的研究成果,用 3 个测项来测量微信公众号的品牌传播力。这三个测项分别是:(1)我购买微信公众号推荐的产品可能性很大;(2)需要该类产品时我会首先考虑从此微信公众号推荐的产品中购买;(3)我很有意愿购买公众号推荐的产品。

本章在观测品牌盈利能力时运用李克特 5 级测量量表对变量进行测量,具体提出了 Y311－Y313 3 个测项。被试根据认为的重要程度打分,1 分不重要,5 分很重要,详见表 5－11。

表 5－11　　　　　　　　　品牌盈利能力的测项

变　量	编　号	测量问项	参考文献
品牌盈利能力	Y311	我购买微信公众号推荐的产品可能性很大	Cole 等(1993)、Bergh 等(2011)、Jalkanen 等(2012)
	Y312	需要该类产品时我会首先考虑从此微信公众号推荐的产品中购买	
	Y313	我很有意愿购买公众号推荐的产品	

四、小结

在变量度量分析中,本书参考了国内外现有关于内容社交、渠道社交和拟人化社交的研究与品牌传播力、品牌忠诚度和品牌盈利能力以及品牌信任的理论及实证研究,明确了解释变量、被解释变量、中介变量的度量,详见表 5－12。

表 5—12   内容社交对品牌影响力的作用变量测量

研究变量			编　号	测量问题	来　源
品牌社交	内容社交	内容质量	X111	微信公众号提供的信息语言表达规范	Berger（2011）、刘志明（2011）、周懿瑾（2013）、刘果（2014）
			X112	微信公众号内容的原创数较多	
			X113	微信公众号在某一领域具有丰富经验	
		内容体验	X121	微信公众号发布的内容令人享受	Koufaris（2004）、Chang 等（2012）、赖元薇（2017）
			X122	我控制不住自己反复打开微信公众号的行为	
			X123	我现在花在微信公众号上的时间,比我一开始接触它的时候多	
		内容互动	X131	我经常参与呼应公众号所分享信息的讨论	刘志明（2011）、生奇志（2013）、吴英女（2014）
			X132	通过与微信公众号的交流互动,我会转发其传播的信息	
			X133	我会经常回复我喜欢的微信公众号作者	
	渠道社交	公域社交	X211	公域传播的信息更具真实性,值得信任	辛文娟（2012）、吴媚（2015）、聂勇浩（2019）
			X212	我愿意接收、分享来自官方渠道的信息	
			X213	公域的传播让我乐于与共同喜欢同一公众号的人交流	
		私域社交	X221	我经常转发和阅读好友分享的文章	俞轶楠（2012）、Ross 等（2009）
			X222	有需要时,我会向我的微信好友或公众号咨询相关信息	
			X223	我希望我关注的公众号能得到其他使用者的评论和转发	
	拟人化社交	个性社交	X311	微信公众号的内容赋予了部分其品牌独特的个性	Keller（1993）、Aaker（1996）、Plummer（1995）
			X312	微信公众号有各自的品牌特征	
			X313	我从微信公众号中找到类似友谊和交往的感觉	

续表

研究变量			编　号	测量问题	来　源
品牌社交	拟人化社交	社群社交	X321	我愿意与微信公众号的作者和回复成员对话沟通,交流感情,建立关系	Hoffman 等(1995)、McAlexander 等(2002)、卢艳峰(2006)、范晓屏(2007)
			X322	我在社群提出的话题,可获得其他成员的积极响应	
			X323	我经常参与微信公众号社群中其他社群成员的话题,共同讨论,相互帮助	
品牌信任	品牌信任	品牌信任	Z111	我喜欢的公众号的承诺是可靠的	Koufaris（2004）、余眺(2013)、熊国钺等(2019)
			Z112	我相信微信公众号传达出的信息或推荐的产品	
			Z113	我相信公众号中的打折、促销、抽奖等信息和活动	
品牌影响力	品牌影响力	品牌传播力	Y111	公众号平均阅读量很重要	新榜指数、清博大数据
			Y112	公众号平均在看(点赞)数很重要	
			Y113	公众号最高阅读量很重要	
			Y114	公众号最高在看(点赞)数很重要	
		品牌忠诚度	Y211	我几乎每天都来浏览我喜欢的公众号	Gounaris 等(2004)、赖元薇(2017)、阳简(2020)
			Y212	我不会轻易否定我喜欢的公众号	
			Y213	同样的产品推荐,我会考虑从我喜欢的公众号平台下单	
		品牌盈利能力	Y311	我购买微信公众号推荐的产品可能性很大	Cole 等(1993)、Bergh 等(2011)、Jalkanen 等(2012)
			Y312	需要该类产品时我会首先考虑从此微信公众号推荐的产品中购买	
			Y313	我很有意愿购买公众号推荐的产品	

第四节 分析方法与工具

一、结构方程模型建模

结构方程模型(Structural Equation Modeling，SEM)是一种融合了因子分析和路径分析的多元统计技术。它的强势在于对多变量间交互关系的定量研究。SEM 是基于变量的协方差矩阵来分析变量之间关系的一种统计方法，实际上是一般线性模型的拓展，包括因子模型与结构模型，体现了传统路径分析与因子分析的完美结合。SEM 一般使用最大似然法估计模型(Max-Likelihood，ML)，分析结构方程的路径系数等估计值，因为 ML 法使得研究者能够基于数据分析的结果对模型进行修正。而运用回归分析时，不允许有多个因变量或输出变量，中间变量不能包含在与预测因子一样的单一模型中，预测因子假设没有测量误差而且预测因子间的多重共线性会妨碍结果解释(吴明隆，2012)。

如上所述，SEM 能够评价多维的和相互关联的关系，发现这些关系中没有察觉到的概念关系，而且能够在评价的过程中解释测量误差，同时具有联系信息技术吸纳能力，能够反映模型中要素之间的相互影响。在探讨多个因子变量与自变量的关系时，运用结构模型 SEM 是更好的选择(方杰等，2014)。

本书需要探讨的正是三个自变量即内容社交、渠道社交和拟人化社交对三个因变量即品牌传播力、品牌忠诚度和品牌盈利能力之间的关系，同时还有中间变量即品牌信任和调节变量即性别和年龄，所以结构方程模型(SEM)是最适合本研究的方法。

二、SPSS 分析工具

SPSS(Statistical Product and Service Solutions，统计产品与服务解决方案)软件，是 IBM 公司推出的一系列用于统计学分析运算、数据挖掘、预测分析和决策支持任务的软件产品及相关服务的总称。SPSS 统计分析过程包括描述性统计、均值比较、一般线性模型、相关分析、回归分析等多个统计过程(温忠麟等,2004)。本书运用 SPSS 软件对问卷的数据进行了一般统计性分析,对变量进行了信度、效度分析,并进行了验证性因子分析。由于结构方程中多变量的多路径关系对情境的限制较多,调节变量的调节效应会随着潜变量的增多而减少,调节效应要分别检验自变量对因变量的影响情况,故调节效应检验选用 SPSS 进行分层回归(周俊,2017)。

三、AMOS 分析工具

AMOS 是一款强大的结构方程建模软件,支持通过扩展标准多变量分析方法。做结构方程方法的软件有很多,包括 Lisrel、Amos、EQS、Mplus、SAS、QML 等软件。AMOS 有其独特的优势。使用 AMOS 比使用因子分析或回归分析能获得更精确、丰富的综合分析结果。比如,AMOS 具有方差分析、协方差、假设检验等一系列基本分析方法,还特别具有贝叶斯和自抽样的方法应用,这应该是 AMOS 最具特色的方法,一定程度上克服了大样本条件的限制。当样本低于 200 甚至低于 100 时,贝叶斯方法的结果仍然很稳定。该方法可以提供路径分析间接效应的标准误,这在中介效应的使用方面特别有用,还可以观察估计参数的先验概率分布和事后概率分布,并进行人为设定(方杰等,2012)。另外,Boot-strap 也提供了类似模拟的标准误,同时为时间序列数据提供自相关图,用于侦察自相关性(邱皓政,2009)。检验中介效应时,本书还运用了 Bootstrap 检验法。Bootstrap 的次数越多,回归系数就越趋近于普通回归的系数。用 Bootstrap 检验中介效应,主要考察其置信区间,95%CI 不包含 0(下限和上限同号),就意味着中介效果显著。包含 0,意味着效果有正有负,会相互抵消,有时候没有中介效果(温忠麟,2005)。

第五节　本章小结

　　本章在前一章扎根理论研究的基础上首先进行了问卷设计。问卷由四部分组成：第一部分由人口统计问题组成，包括被试的性别、年龄、学历、职业、婚否和收入，主要用来测试被试的样本分布情况以及对模型调节效应的检验。第二部分问卷旨在测试品牌影响力的维度，从品牌传播力、品牌忠诚度和品牌盈利能力三个方面进行测量。第三部分旨在测试品牌社交与品牌影响力的关系，包括三个方面：（1）测量内容社交与品牌影响力的关系。（2）旨在测试渠道社交与品牌影响力的关系。（3）旨在测试拟人化社交与品牌影响力的关系。第四部分旨在测量品牌信任与品牌社交和品牌影响力之间的中介关系。

　　本章在初步确定了问卷的设计思路后，着手对问卷的问题进行设计。首先基于文献研究和扎根理论研究进行变量的选取，将内容社交、渠道社交和拟人化社交作为自变量，将品牌传播力、品牌忠诚度和品牌盈利能力作为因变量，将品牌信任作为中介变量，将性别和年龄作为调节变量。经过对变量的研究和设计，在借鉴前人的量表和研究成果后，本书完成了问卷中除了人口统计类以外的 34 个主要测项。

　　由于本书需要探讨的正是三个自变量即内容社交、渠道社交和拟人化社交对三个因变量即品牌传播力、品牌忠诚度和品牌盈利能力之间的关系，同时还有中介变量即品牌信任和调节变量即性别和年龄，所以本书选择了最合适的 SEM，并选用了 AMOS 和 SPSS 工具进行数据分析。

第六章　模型检验

本章对本书研究的设计进行了简要介绍,通过问卷设计、变量的选取和测量,构建了模型,提出了本书的研究假设。本章的模型检验包括四方面内容:首先,对样本的基本数据进行整理,并进行描述性统计分析;其次,运用 SPSS 对所有变量的数据的信度、效度进行检验,同时对变量进行验证性因子分析;再次,运用 AMOS 软件对模型进行验证,验证自变量即内容社交、渠道社交和拟人化社交对品牌传播力、品牌忠诚度和品牌盈利能力的直接影响作用,品牌信任对自变量和因变量的中介作用,并运用 SPSS 检验性别和年龄在其中的调节作用;最后,对实证研究结果进行分析和讨论。

第一节　描述性统计

本次问卷是在完成预问卷后重新发布的最终问卷,借助问卷星调查平台,通过分享链接至各类社交平台发布问卷,自 2020 年 3 月 9 日至 3 月 26 日,历时 17 天,共收集问卷 305 份,剔除无效问卷后,有效问卷为 277 份。

本节通过 SPSS 软件进行数据的描述性统计,如表 6-1 所示。

表 6—1　　　　　　　　人口统计数据表（N＝277）

名称	选项	频数	百分比（%）	名称	选项	频数	百分比（%）
性别	女	161	58.12	职业	专业技术人员（医生、教师等）	55	19.9
	男	116	41.88		个体工商户	1	0.4
年龄	25 岁以下	138	49.82		公务员	8	2.9
	26—35 岁	44	15.88		在校生	152	54.9
	36—45 岁	68	24.55		国有公司职员	16	5.8
	45 岁以上	27	9.75		外企职员	12	4.3
最高学历	高中及以下	59	21.3		私营职业者	17	6.1
	大专	60	21.66		自由职业者	6	2.2
	本科	66	23.83		其他	7	2.5
	硕士及以上	92	33.21		其他［旅居海外］	1	0.4
					其他［退休］	1	0.4
婚姻状况	已婚	114	41.2		其他［待业］	1	0.2
	未婚	158	57.0	关注的公众号数量	5—10 个	67	24.2
	其他	5	1.8		11—20 个	86	31.0
月收入	6 000 元及以下	154	55.6		21—30 个	46	16.6
	6 001—10 000 元	51	18.4		30 个以上	78	28.2
	10 001—20 000 元	38	13.7	公众号中的消费总金额	0—500 元	216	77.6
	20 000 元以上	34	12.3		501—1 000 元	25	9.0
阅读每日时长	30 分钟以下	156	56.3		1 001—5 000 元	22	7.9
	30 分钟—1 小时	88	31.8		5 001—10 000 元	9	3.2
	1—2 小时	20	7.2		10 000 元以上	6	2.3
	2 小时以上	13	4.7				

数据来源：依据研究问卷数据整理。

此外，为了明确被试对于微信公众号的关注偏好，本问卷甄选了2020 年 3 月新榜排名前 3 的有关时政、娱乐、旅游、健康、教育等微信公众号共 13 个供被试选择,同时也增加了"以上都没关注过"的选项,具体问题如下:"8.下列这些公众号您关注过吗?""9.您关注的公众号是哪类公众号?"从结果来看,用户关注排名第一的公众号是"丁香医生",这说明目前大家对于健康信息普遍比较关注。排名第二的是新浪娱乐,第三是中国教育报。当然还有少数的被试表示关注的是小众的微信公众号,对于"大 V"公众号并没有过多关注。具体数据如表 6-2 所示。

表 6-2　　　　　　　　微信公众号关注偏好(N=277)

微信公众号关注人次		微信公众号关注类型		微信公众号功能性偏好	
公众号名称	关注人次	公众号类型	关注人次	功能	关注人次
丁香医生	84	教育	192	功能性	220
新浪娱乐	52	娱乐	157	娱乐性	173
中国教育报	40	美食	109	购物	74
环球旅行	39	生活	92	其他	93
十点读书	37	健康	90		
洞见	31	旅行	87		
娱乐在线	28	时尚	72	公众号名称	关注人次
中国日报双语新闻	26	购物	70	新闻夜航	9
局座召忠	23	科技	69	军武次位面	9
以上都没有	114	职场	27	杭州交通 918	5
东京新青年	20	其他	30	院长在线	5

数据来源:依据问卷数据整理。

问卷还测试了被试们对于公众号关注类型的偏好,选项列举了 10 个类型,即教育、娱乐、美食、生活、健康、旅行、时尚、购物、科技、职场,并设置了填空项"其他"。在"其他"选项中,有选财经类,还有选游戏类的。在分析关注的微信公众号中,将公众号简单分成三类,即"功能性、娱乐性和购物",同时增加了一个填空选项"其他"。从统计结果来看,功能性占据首要的位置,说明在公众号的阅读中,公众号能提供的信息可信度和权威性仍是十分重要的指标。

第二节　数据分析

根据第三章的扎根理论研究结果,将内容质量、内容体验、内容互动、公域社交、私域社交、个性社交、社群社交、品牌信任、品牌传播力、品牌忠诚度和品牌盈利能力作为 11 个副范畴。本书在第四章构建模型时将内容社交、渠道社交和拟人化社交作为自变量,将品牌传播力、品牌忠诚度和品牌盈利能力作为因变量,将品牌信任作为中介变量,将性别和年龄作为调节变量,来进行模型建构并提出假设,对变量进行信度、效度和验证性因子分析。因为性别和年龄是相对独立的统计学数据,且与自变量和因变量关联不大,所以不对其进行信度、效度分析。

一、信度检验

信度(reliability)即可靠性,指的是采取同样的方法对同一对象重复进行测量时其所得结果相一致的程度。从另一方面来说,信度就是指测量数据的可靠程度。信度是指测验结果的一致性、稳定性及可靠性,一般多以内部一致性来加以表示该测验信度的高低。信度系数越高,即表示该测验的结果越一致、稳定与可靠。系统误差对信度没有什么影响,因为系统误差总是以相同的方式影响测量值的,因此不会造成不一致;反之,随机误差可能导致不一致性,从而降低信度。信度分析用于研究定量数据(尤其是态度量表题)的回答可靠、准确:第一,分析 α 系数,如果此值高于 0.8,则说明信度高;如果此值介于 0.7—0.8 之间,则说明信度较好;如果此值介于 0.6—0.7 之间,则说明信度可接受;如果此值小于 0.6,说明信度不佳。第二,如果 CITC 值低于 0.3,则可考虑将该项进行删除;如果"该项已删除的 α 系数"值明显高于 α 系数,此时则可考虑对该项进行删除后重新分析,对分析进行总结。通常认为,一份信度良好的量表 Cronbach α 值至少要在 0.8 以上,能够达到 0.9 以上,则更佳(吴明隆等,2012)。

本书在样本量 277 的基础上通过 SPSS 22 做可靠性分析,得出整体量表的 Cronbach α 值为 0.889,各因子的 Cronbach α 值都在 0.7 以上。信度检验如表 6－3 所示。

表 6－3 量表的信度分析($N=277$)

整体量表的信度分析	Cronbach α 系数				
	0.889				
Cronbach 信度分析					
因子名称	项数	Cronbach α 系数	因子名称	项数	Cronbach α 系数
内容社交	9	0.860	品牌传播力	4	0.862
渠道社交	6	0.872	品牌忠诚度	3	0.895
拟人化社交	6	0.869	品牌盈利能力	3	0.871
品牌信任	3	0.878			

二、效度检验

效度(validity)即有效性,是指测量工具或手段能够准确测出所需测量的事物的程度。效度是指所测量到的结果反映所想要考察内容的程度。测量结果与要考察的内容越吻合,效度越高;反之,效度越低。效度分为三种类型:内容效度、准则效度和结构效度。

本书的效度分析使用因子分析这种数据分析方法进行研究,分别通过 KMO 值、共同度、方差解释率值、因子载荷系数值等指标进行综合分析,以验证数据的效度水平情况。KMO 值用于判断是否有效度,共同度值用于排除不合理的研究项,方差解释率值用于说明信息提取水平,因子载荷系数用于衡量因子(维度)和题项的对应关系。

对信度进行分析时,首先分析 KMO 值。如果此值高于 0.8,则说明效度高;如果此值介于 0.7－0.8 之间,则说明效度较好;如果此值介于 0.6－0.7 之间,则说明效度可接受;如果此值小于 0.6,则说明效度不佳(如果仅有两个题项 1,则 KMO 值无论如何均为 0.5)。接着分析题项与因子的对应关系:如果对应关系与研究心理预期基本一致,则说明效度良好;如果效度不佳,或者因子与题项的对应关系与预期严重不符,或者某分析项对应的共同度值低于 0.4(有时以 0.5 为标准),则可考虑对题项进行删除。删除题项共有常见标准包括:一是共同度值低于 0.4(有时以 0.5 为标准);二是分析项与因子对应关系出现严重偏差。重复上述 1—4 共 4 个步骤,直至 KMO 值达标(柴辉,2010)。使用 KMO 和 Bartlett 检验进行效度分析,需要通过 Bartlett 检验(对应 p 值需要小于 0.05)。

本书运用 SPSS 检验效度,得到如下结果:所有研究项对应的共同度值均高于 0.4,说明研究项信息可以被有效提取。另外,KMO 值为 0.880,大于 0.8,意味着数据效度高。因子与题项的对应关系与预期基本吻合,最终说明效度良好,结果见表 6—4。

表 6—4　　　　　　　　整体效度检验($N=277$)

名　称		值
KMO 值		0.880
Bartlett 球形度检验	近似卡方	1 124.214
	Df	21
	p 值	0.000
因子载荷系数	内容社交	0.869
	渠道社交	0.786
	拟人化社交	0.810
	品牌传播力	0.875
	品牌忠诚度	0.617
	品牌盈利能力	0.789
	品牌信任	0.740

三、验证性因子分析

本次验证性因子分析针对 7 个变量,分别是微信公众号的内容社交、渠道社交、拟人化社交、品牌信任以及品牌传播力、品牌忠诚度和品牌盈利能力。

验证性因子分析可用于聚合效度、区分效度、共同方法偏差(CMV)研究等。在进行验证性因子分析时,首先了解数据的基本情况,包括因子数、分析样本量等。本次验证性因子分析主要分析因子载荷系数(factor loading)值、聚合效度、区分效度、模型拟合指标(王松涛,2006)。

(1)因子载荷系数。因子载荷系数值展示因子(潜变量)与分析项(显变量)之间的相关关系情况。通常使用标准载荷系数值表示因子与分析项间的相关关系;如果呈现出显著性,且标准载荷系数值大于0.70,则说明有着较强的相关关系;如果没有呈现显著性,或者标准载荷系数值较低(比如低于0.4),则说明该分析项与因子间相关关系较弱。(2)聚合效度(收敛效度)分析。通常情况下 AVE(平均方差萃取)大于0.5且 CR(组合信度)值大于0.7,则说明聚合效度较高;如果 AVE 或 CR 值较低,则可考虑移除某因子后重新分析聚合效度。(3)区分效度研究。AVE 平方根值可表示因子的“聚合性”,相关系数表示相关关系,如果因子“聚合性”很强(明显强于与其他因子间的相关系数),则说明具有区分效度;如果某因子 AVE 平方根值大于该因子与其他因子的相关系数,并且所有因子均呈现出这样的结论,则说明具有良好的区分效度;等同于 AVE 平方根值的最小值,大于所有相关系数的最大值,此外,还可以用 HTMT(异质-单质比率)法进行区分效度验证。通常情况下,HTMT 值小于0.85(有时以0.9作为标准),则说明该两因子之间具有区分效度;若所有的 HTMT 值均在标准范围内,则说明数据具有区分效度(张超等,2007)。

(一)品牌社交

1.因子载荷系数值

本节分析共针对3个因子,分别是内容社交、渠道社交和拟人化社交。根据第五章的分析,内容社交因子共有潜变量3个,分别为内容质量、内容体验和内容互动,各有3个显变量,共9个显变量;渠道社交因子共有潜变量2个,分别为公域社交和私域社交,各有3个显变量,共6个显变量;拟人化社交因子共有潜变量2个,分别是个性社交和社群社交。其中,内容社交的9个显变量中有8个标准载荷系数(Std. Estimate)高于0.7,渠道社交的6个显变量中有5个标准载荷系数高于0.7,拟人化社交的6个显变量中有4个标准载荷系数高于0.7,有两个显变量"微信公众号的内容赋予了部分其品牌独特的个性""微信公众号有各自的品牌特征"的值低于0.7,但高于0.4,根据建议,保留这两项,详见表6—5。

表6—5　　　　　　　　品牌社交的因子载荷系数表($N=277$)

因子	潜变量	分析项(显变量)	非标准载荷系数(Coef.)	标准误(Std. Error)	z	p	标准载荷系数(Std. Estimate)
内容社交	内容质量	微信公众号提供的信息语言表达规范	1	—	—	—	0.918
		微信公众号内容的原创数较多	0.994	0.038	26.191	0	0.918
		微信公众号在某一领域具有丰富经验	0.907	0.042	21.792	0	0.857
	内容体验	微信公众号发布的内容令人享受	1	—	—	—	0.899
		我控制不住自己反复打开微信公众号的行为	1.042	0.047	22.403	0	0.901
		我现在花在微信公众号上的时间,比我一开始接触它的时候多	0.717	0.075	9.526	0	0.528
	内容互动	我经常参与呼应公众号所分享信息的讨论	1	—	—	—	0.838
		通过与微信公众号的交流互动,我会转发其传播的信息	1.045	0.054	19.234	0	0.883
		我会经常回复我喜欢的微信公众号作者	1.029	0.055	18.795	0	0.871

续表

因子	潜变量	分析项（显变量）	非标准载荷系数（Coef.）	标准误（Std. Error）	z	p	标准载荷系数（Std. Estimate）
内容社交	公域社交	公域传播的信息更具真实性，值得信任	1	—	—	—	0.885
		我愿意接收、分享来自官方渠道的信息	0.944	0.052	18.187	0	0.851
		公域的传播让我乐于与共同喜欢同一公众号的人交流	0.865	0.058	14.934	0	0.752
	私域社交	我经常转发和阅读好友分享的文章	1	—	—	—	0.717
		有需要时，我会向我的微信好友或公众号咨询相关信息	0.844	0.078	10.842	0	0.658
		我希望我关注的公众号能得到其他使用者的评论和转发	0.867	0.07	12.473	0	0.755
拟人化社交	个性社交	微信公众号的内容赋予了部分其品牌独特的个性	1	—	—	—	0.675
		微信公众号有各自的品牌特征	1.039	0.098	10.618	0	0.687
		我从微信公众号中找到类似友谊和交往的感觉	1.253	0.097	12.943	0	0.859
	社群社交	我愿意与微信公众号的作者和回复成员对话沟通，交流感情，建立关系	1	—	—	—	0.858
		我在社群提出的话题，可获得其他成员的积极响应	0.788	0.056	14.15	0	0.715
		我经常参与微信公众号社群中其他社群成员的话题，共同讨论，相互帮助	1.007	0.054	18.721	0	0.849

2. 聚合效度分析

本节分析共 7 个因子,对应的 AVE 值均大于 0.5,且 CR 值均高于 0.7,意味着本次分析数据具有良好的聚合(收敛)效度。

3. 区分效度分析

内容社交分析共 3 个因子,分别对应的 AVE 平方根值最小为 0.743,大于因子间相关系数的最大值 0.741;渠道社交分析共 2 个因子,分别对应的 AVE 平方根值最小为 0.756,大于因子间相关系数的最大值 0.595;拟人化社交分析共 2 个因子,分别对应的 AVE 平方根值最小为 0.813,大于因子间相关系数的最大值 0.778,意味着研究数据具有良好的区分效度。针对 HTMT 值进行区分效度分析,所有的 HTMT 值均小于 0.85,意味着因子之间均有良好的区分度,研究数据区分效度良好,见表 6—6。

表 6—6　　　　品牌社交的验证性因子效度分析(N=277)

聚合效度			区分效度					
模型 AVE 和 CR 指标结果			Pearson 相关 与 AVE 平方根值			HTMT(异质—单质比率)结果		
潜变量	AVE 值	CR 值		内容质量	内容体验		内容质量	内容体验
内容质量	0.735	0.942	内容质量	0.857		内容质量	—	
内容体验	0.559	0.862	内容体验	0.741	0.748	内容体验	0.845	—
内容互动	0.552	0.947	内容互动	0.399	0.458	内容互动	0.427	0.503
潜变量	AVE 值	CR 值		公域社交	私域社交		公域社交	私域社交
公域社交	0.572	0.869	公域社交	0.756		公域社交	—	
私域社交	0.635	0.95	私域社交	0.595	0.797	私域社交	0.658	—
潜变量	AVE 值	CR 值		个性社交	社群社交		个性社交	社群社交
个性社交	0.661	0.931	个性社交	0.813		个性社交	—	
社群社交	0.711	0.951	社群社交	0.778	0.843	社群社交	0.824	—

(二)品牌信任

本节分析针对 1 个因子品牌信任,对其 3 个分析项进行验证性因子分析(CFA)。本次分析有效样本量为 277,超出分析项数量的 10 倍,样本量适中。

1.因子载荷系数值

本节分析的品牌信任共设计了 3 个显变量,详见表 6—7。

表 6—7　　　　　　拟人化社交因子载荷系数表(N＝277)

潜变量	分析项(显变量)	非标准载荷系数 (Coef.)	标准误 (Std. Error)	z	p	标准载荷系数 (Std. Estimate)
品牌信任	我喜欢的公众号的承诺是可靠的	1.000	—	—	—	0.787
	我相信微信公众号传达出的信息或推荐的产品	1.135	0.084	13.485	0.000	0.860
	我相信公众号中的打折、促销、抽奖等信息和活动	1.055	0.080	13.112	0.000	0.796

2.聚合效度分析

本节分析针对 1 个因子,对应的 AVE 值均大于 0.5,且 CR 值均高于 0.7,意味着本次分析数据具有良好的聚合(收敛)效度。

(三)品牌影响力

本节分析针对 3 个因子,分别是品牌传播力、品牌忠诚度和品牌盈利能力以及 10 个分析项进行验证性因子分析。本次分析有效样本量为277,超出分析项数量的 10 倍,样本量适中。

1.因子载荷系数值

本节分析的品牌影响力因子共有潜变量 3 个,分别为品牌传播力、品牌忠诚度和品牌盈利能力。根据第四章的分析,品牌传播力设计了 4 个显变量,品牌忠诚度设计了 3 个显变量,品牌盈利能力设计了 3 个显变量。这 10 个显变量所有 10 个标准载荷系数(Std. Estimate)均高于 0.7,

详见表6—8。

表6—8　　　　　品牌影响力因子载荷系数表（N＝277）

潜变量	分析项（显变量）	非标准载荷系数（Coef.）	标准误（Std. Error）	z	p	标准载荷系数（Std. Estimate）
品牌传播力	公众号平均阅读量	1	—	—	—	0.846
	公众号平均在看(点赞)数	0.97	0.061	16.002	0	0.792
	公众号最高阅读量	0.876	0.057	15.439	0	0.774
	公众号最高在看(点赞)数	0.872	0.057	15.277	0	0.769
品牌忠诚度	我几乎每天都会浏览我喜欢的公众号	1	—	—	—	0.891
	我不会轻易否定我喜欢的公众号	1.019	0.04	25.35	0	0.941
	同样的产品推荐,我会考虑从我喜欢的公众号平台下单	0.993	0.041	24.084	0	0.921
品牌盈利能力	我购买微信公众号推荐的产品可能性很大	1	—	—	—	0.865
	需要该类产品时我会首先考虑从此微信公众号推荐的产品中购买	1.015	0.06	17.004	0	0.879
	我很有意愿购买公众号推荐的产品	0.931	0.061	15.253	0	0.79

2. 聚合效度分析

此处分析共针对3个因子,对应的AVE值均大于0.5,且CR值均高于0.7,意味着本次分析数据具有良好的聚合(收敛)效度。

3. 区分效度分析

此处分析共针对3个因子,分别对应的AVE平方根值最小为0.801,大于因子间相关系数的最大值0.781,意味着研究数据具有良好的区分效度。针对HTMT值进行区分效度分析,所有的HTMT值均小于0.85,意味着因子之间均有良好的区分度,研究数据区分效度良好,详见表6—9。

表6—9　　　　　　微信公众号品牌影响力验证性因子分析($N=277$)

聚合效度			区分效度					
模型 AVE 和 CR 指标结果			Pearson 相关与 AVE 平方根值			HTMT(异质—单质比率)结果		
潜变量	AVE 值	CR 值	品牌传播力	品牌忠诚度	品牌盈利能力	品牌传播力	品牌忠诚度	品牌盈利能力
品牌传播力	0.641	0.925	0.801			—		
品牌忠诚度	0.689	0.916	0.781	0.83		0.849	—	
品牌盈利能力	0.714	0.882	0.428	0.427	0.845	0.474	0.473	—

第三节　模型检验

本节将内容社交、渠道社交和拟人化社交作为自变量,将品牌传播力、品牌忠诚度和品牌盈利能力作为因变量,将品牌信任作为中介变量,将性别和年龄作为调节变量,检验"品牌社交—品牌信任—品牌影响力"模型中各变量之间的关系。为了更好地验证结果,本阶段验证分别采用SPSS对数据进行描述性分析,并运用 AMOS 对结构方程进行检验。模型检验工作内容如表6—10所示:

表6—10　　　　　　　　　模型检验工作内容表

自变量	因变量	中介变量	调节变量	检验内容	检验方法
内容社交、渠道社交、拟人化社交	品牌传播力、品牌忠诚度、品牌盈利能力	品牌信任	性别、年龄	(1)路径检验 (2)Bootstrap 检验 (3)调节效应检验	AMOS、SPSS
检验假设	H1,H1a,H1b,H1c, H2, H3, H3a,H3b,H3c, H4,H5,H5a,H5b,H5c, H6, H7, H7a,H7b,H7c, H8, H8a H8b, H8c, H9, H9a,H9b,H9c,H10,H10a,H10b,H10c				

一、路径检验

将内容社交、渠道社交和拟人化社交作为自变量,将品牌传播力、品牌忠诚度和品牌盈利能力作为因变量,将品牌信任作为中介变量,运用AMOS进行模型检验,路径系数如表6—11所示:

表6—11　　　　　　　　　　　　初始模型路径系数

路　径			非标准化系数	标准化系数	S. E.	C. R.	p
内容社交	→	品牌信任	0.444	0.422	0.050	8.888	＊＊＊
渠道社交	→	品牌信任	0.318	0.416	0.036	8.756	＊＊＊
拟人化社交	→	品牌信任	0.185	0.162	0.054	3.405	＊＊＊
品牌信任	→	品牌传播力	0.637	0.482	0.084	7.552	＊＊＊
品牌信任	→	品牌忠诚度	0.533	0.431	0.078	6.851	＊＊＊
品牌信任	→	品牌盈利能力	0.485	0.342	0.098	4.931	＊＊＊
内容社交	→	品牌传播力	0.087	0.063	0.079	1.102	0.053
内容社交	→	品牌忠诚度	0.244	0.187	0.073	3.329	＊＊＊
内容社交	→	品牌盈利能力	−0.001	0.000	0.093	−0.007	0.994
渠道社交	→	品牌传播力	0.074	0.074	0.057	2.292	0.054
渠道社交	→	品牌忠诚度	0.042	0.044	0.053	0.785	0.433
渠道社交	→	品牌盈利能力	0.020	0.019	0.067	0.299	0.765
拟人化社交	→	品牌传播力	0.010	0.006	0.078	0.125	0.701
拟人化社交	→	品牌忠诚度	0.091	0.064	0.072	2.262	0.022
拟人化社交	→	品牌盈利能力	0.279	0.172	0.091	3.067	0.002

注:＊＊＊表示$p<0.001$,＊＊表示$p<0.01$。

本书采取剔除p值最大法逐步剔除不显著路径,从大到小逐步删去最不显著路径,以构建最优模型。系数最大的"内容社交→品牌盈利能力""渠道社交→品牌盈利能力""拟人化社交→品牌传播力"以及"渠道社交→品牌忠诚度"四条路径被先后删除。修改后的模型系数较为合理,具有较好的拟合优度。修正后重新估计的模型路径系数如表6－12所示：

表6－12 最优模型路径系数

路　径			非标准化系数	标准化系数	S. E.	C. R.	p
内容社交	→	品牌信任	0.444	0.422	0.057	7.822	＊＊＊
渠道社交	→	品牌信任	0.318	0.416	0.041	7.762	＊＊＊
拟人化社交	→	品牌信任	0.185	0.162	0.058	3.191	＊＊＊
品牌信任	→	品牌传播力	0.638	0.484	0.083	7.712	0.001
品牌信任	→	品牌忠诚度	0.557	0.448	0.071	7.888	＊＊＊
品牌信任	→	品牌盈利能力	0.498	0.351	0.075	6.619	＊＊＊
内容社交	→	品牌传播力	0.289	0.064	0.079	3.102	0.047
内容社交	→	品牌忠诚度	0.252	0.192	0.083	3.125	0.002
渠道社交	→	品牌传播力	0.075	0.076	0.076	2.303	0.048
拟人化社交	→	品牌忠诚度	0.093	0.072	0.071	2.275	0.021
拟人化社交	→	品牌盈利能力	0.282	0.096	0.096	2.934	0.003

注：＊＊＊表示$p<0.001$，＊＊表示$p<0.01$。

此时，模型的整体拟合度如表6－13所示：

表6－13 模型拟合指标

常用指标	卡方自由度比 χ^2/df	GFI	RMSEA	RMR	CFI	NFI
判断标准	<3	>0.9	<0.10	<0.05	>0.9	>0.9
值	1.644	0.971	0.048	0.038	0.974	0.937

整体模型拟合度主要用来评价模型和数据的拟合程度，模型的内在结构拟合度主要评价各估计参数的显著性，各指标和潜在变量的信度、模型拟合指标用于模型拟合情况分析。模型拟合指标非常多，通常很难所有指标均达标，建议使用常见的几个指标即可，包括卡方自由度比、GFI、RMSEA、RMR、CFI、NFI、NFI（Anderson，1991）。由表6－13可知，本

模型的数据拟合常见指标已达标。

　　由表6—13可知,"内容社交→品牌盈利能力""渠道社交→品牌盈利能力""拟人化社交→品牌传播力"以及"渠道社交→品牌忠诚度"这四条路径不显著,相对应的"假设 H1:内容社交对品牌影响力存在直接正向作用,H3:渠道社交对品牌影响力存在直接正向作用和 H5:拟人化社交对品牌影响力存在直接正向作用"部分通过验证;而"假设 H1c:内容社交对品牌盈利能力存在直接正向作用,H3b:渠道社交对品牌忠诚度存在直接正向作用,H3c:渠道社交对品牌盈利能力存在直接正向作用和 H5a:拟人化社交对品牌传播力存在直接正向作用"这四个假设未通过验证。模型如图6—1所示:

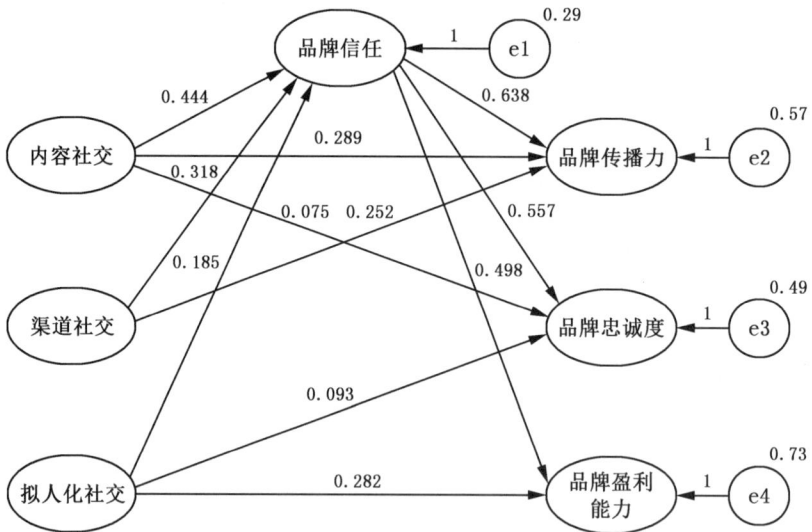

图6—1　结构模型结果

二、Bootstrap 检验

　　同时,本书利用 Bootstrap 法检验品牌信任的中介效应来验证结构方程模型的检验结果。按照中介效应分析程序以及提出的 Bootstrap 方法,设置样本量为 2 000,Bootstrap 抽样计算得到 95% 置信区间,如果

LLCI 和 ULCI 区间不包含 0,则中介效应显著(温忠麟等,2004;Hayes,2013)。品牌信任的中介效应检验结果如表 6—14 所示:

表 6—14　　　　　标准化路径 Bootstrap 中介效应检验

路 径	效应值	S.E.	偏差校正的 95%置信区间		百分位数 95%置信区间	
			低	高	低	高
内容社交→品牌信任→品牌传播力	0.216	0.216	0.125	0.294	0.121	0.290
渠道社交→品牌信任→品牌传播力	0.174	0.154	0.142	0.278	0.139	0.275
拟人化社交→品牌信任→品牌传播力	0.368	0.090	0.024	0.139	0.022	0.138
内容社交→品牌信任→品牌忠诚度	0.481	0.237	0.117	0.263	0.112	0.257
渠道社交→品牌信任→品牌忠诚度	0.211	0.169	0.124	0.248	0.122	0.246
拟人化社交→品牌信任→品牌忠诚度	0.189	0.099	0.021	0.128	0.020	0.126
内容社交→品牌信任→品牌盈利能力	0.371	0.283	0.075	0.235	0.069	0.228
渠道社交→品牌信任→品牌盈利能力	0.276	0.202	0.082	0.220	0.080	0.217
拟人化社交→品牌信任→品牌盈利能力	0.127	0.118	0.018	0.111	0.014	0.106

　　从表 6—14 可见,品牌信任的中介检验的 LLCI 和 ULCI 区间均不包含 0,表明品牌信任在各自关系路径中的中介效应分别显著。

　　检验结果支持 H2:内容社交对品牌信任存在直接正向作用,H4:渠道社交对品牌信任存在直接正向作用,H6:拟人化社交对品牌信任存在直接正向作用,H7:品牌信任对品牌影响力存在直接正向作用,H7a:品牌信任对品牌传播力存在直接正向作用,H7b:品牌信任对品牌忠诚度存在直接正向作用,H7c:品牌信任对品牌盈利能力存在直接正向作用,

H8：品牌信任在内容社交和品牌影响力之间起中介作用，H8a：品牌信任在内容社交和品牌传播力之间起中介作用，H8b：品牌信任在内容社交和品牌忠诚度之间起中介作用，H8c：品牌信任在内容社交和品牌盈利能力之间起中介作用，H9：品牌信任在渠道社交和品牌影响力之间起中介作用，H9a：品牌信任在渠道社交和品牌传播力之间起中介作用，H9b：品牌信任在渠道社交和品牌忠诚度之间起中介作用，H9c：品牌信任在渠道社交和品牌盈利能力之间起中介作用，H10：品牌信任在拟人化社交和品牌影响力之间起中介作用，H10a：品牌信任在拟人化社交和品牌传播力之间起中介作用，H10b：品牌信任在拟人化社交和品牌忠诚度之间起中介作用和 H10c：品牌信任在拟人化社交和品牌盈利能力之间起中介作用。

三、调节效应检验

由于结构方程中多变量的多路径关系对情境的限制较多，调节变量的调节效应会随着潜变量的增多而减少，调节效应要分别检验自变量对因变量的影响情况，故调节效应检验选用了 SPSS 进行分层回归（周俊，2017）。调节效应研究共分为三个模型，分别为：(1)模型 1 分析自变量对因变量的影响情况（模型 1 不考虑调节变量）；(2)模型 2 在模型 1 的基础上加入调节变量，模型 3 在模型 2 的基础上加入自变量和调节变量的交互项；(3)如果模型 2 到模型 3 变化时，F 值变化显著，则意味着存在调节效应；(4)如果在模型 3 中交互项呈现出显著性，则意味着存在调节效应；(5)若有控制变量，则仅放入模型中即可，通常不在讨论范围（温忠麟等，2005；Hayes，2009）。

本书问卷数据中的性别、年龄与自变量和因变量均无关，所以将这两个因子作为调节变量（温忠麟等，2005），检验这两个因子是否会对品牌影响力、品牌忠诚度和品牌盈利能力产生调节效应。

通过将数据中心化后，本书利用 SPSS 软件对这两个因子进行调节效应检验。调节效应可通过两种方式进行查看：第一种是查看模型 2 到模型 3 时，F 值变化的显著性；第二种是查看模型 3 中交互项的显著性（p

值)。本书以第二种方式分析调节效应(周俊,2017),其中,∗ 表示 $p <$ 0.05,∗∗ 表示 $p < 0.01$。

(一)性别的调节效应

在检验性别的调节效应时,性别为定类变量,男性为类别 1,女性为类别 2;在数据处理时作为虚拟变量处理,类别 1 作为参照项,检验时显示类别 2 的值。其他变量为定量变量,将年龄、收入和学历作为控制变量,分别以品牌传播力、品牌忠诚度、品牌盈利能力为因变量,以内容社交、渠道社交和拟人化社交以及其与性别的交互项为自变量,通过判断系数的显著性水平来验证性别的调节作用。本节的模型 1 表示只有在控制变量下各变量的值,模型 2 表示自变量内容社交对因变量的影响,模型 3 表示在模型 2 的基础上加入性别这个调节变量后对因变量的影响,模型 4 表示在模型 3 的基础上加入内容社交和性别的交互项后对因变量的影响,模型 5 表示自变量渠道社交对因变量的影响,模型 6 表示在模型 2 的基础上加入性别这个调节变量后对因变量的影响,模型 7 表示在模型 6 的基础上加入渠道社交和性别的交互项后对因变量的影响,模型 8 表示自变量拟人化社交对因变量的影响,模型 9 表示在模型 2 的基础上加入性别这个调节变量后对因变量的影响,模型 10 表示在模型 9 的基础上加入拟人化社交和性别的交互项后对因变量的影响。

首先检验性别在内容社交、渠道社交和拟人化社交方面对因变量品牌传播力作用时的调节效应,结果如表 6—15 所示:

表 6—15 **性别在内容社交、渠道社交和拟人化社交方面**
对品牌传播力作用时的调节效应

因变量	品牌传播力									
控制变量	模型 1	模型 2	模型 3	模型 4	模型 5	模型 6	模型 7	模型 8	模型 9	模型 10
年龄	−0.101	−0.105	−0.102	−0.097	−0.086	−0.086	−0.081	−0.14	−0.086	−0.081
学历	0.127	0.121	0.113	0.116	0.105	0.108	0.106	0.13	0.108	0.106
月收入	−0.019	−0.016	−0.015	−0.021	0.038	0.037	0.037	0.028	0.037	0.037
自变量										
内容社交		0.582∗∗	0.586∗∗	0.68∗∗						
渠道社交					0.42∗∗	0.422∗∗	0.469∗∗			

续表

调节变量	模型 1	模型 2	模型 3	模型 4	模型 5	模型 6	模型 7	模型 8	模型 9	模型 10
拟人化社交								0.391**	0.39**	0.326**
性别			0.111	−0.095		0.02	0.019		−0.041	−0.042
交互项										
内容社交×性别				−0.204						
渠道社交×性别							−0.104			
拟人化社交×性别										0.144
R^2	0.00	0.171	0.174	0.179	0.17	0.17	0.172	0.073	0.073	0.0759
F 值	0.07	14.065**	11.405**	9.792**	13.905**	11.091**	9.363**	5.349**	4.29**	3.669**

如表 6—15 所示,按照检验办法,可知性别在内容社交、渠道社交和拟人化社交方面对品牌传播力作用时调节效应不显著。

接着检验性别在内容社交、渠道社交和拟人化社交方面对因变量品牌忠诚度作用时的调节效应,结果如表 6—16 所示:

表 6—16　　性别在内容社交、渠道社交和拟人化社交方面对品牌忠诚度作用时的调节效应

因变量	品牌传播力									
控制变量	模型 1	模型 2	模型 3	模型 4	模型 5	模型 6	模型 7	模型 8	模型 9	模型 10
年龄	−0.101	−0.378	−0.366	−0.346	−0.036	−0.036	−0.03	−0.09	−0.036	−0.03
学历	−0.127	−0.169	0.185	0.199	0.101	0.101	0.1	0.133	0.101	0.1
月收入	−0.019	0.197	0.178	0.169	0.04	0.04	0.04	0.029	0.04	0.04
自变量										
内容社交		0.673**	0.678**	0.846**						
渠道社交					0.411**	0.411**	0.46**			
拟人化社交								0.464**	0.463**	0.448**
调节变量										
性别			−0.122	−0.113		0.003	0.002		−0.054	−0.054
交互项										
内容社交×性别				−0.365**						
渠道社交×性别							0.108			
拟人化社交×性别										−0.056
R^2	0.27	0.251	0.268	0.177	0.177	0.18	0.106	0.107	0.107	
F 值	0.04	22.271**	18.143**	16.475**	11.664**	9.872**	9.363**	8.043**	6.465**	5.387**

如表 6—16 所示,按照检验办法,可知性别在内容社交方面对品牌忠诚度影响时显著,意味着内容社交对品牌忠诚度影响时,性别会产生更强的调节效应;但渠道社交和拟人化社交对品牌忠诚度影响时,性别的调节

效应不显著。

最后检验性别在内容社交、渠道社交和拟人化社交方面对因变量品牌盈利能力作用时的调节效应,结果如表6-17所示:

表6-17　　　　性别在内容社交、渠道社交和拟人化社交方面
对品牌盈利能力作用时的调节效应

因变量	品牌传播力									
控制变量	模型1	模型2	模型3	模型4	模型5	模型6	模型7	模型8	模型9	模型10
年龄	−0.043	−0.041	−0.045	−0.044	−0.028	−0.031	−0.041	−0.075	−0.079	−0.077
学历	0.102	0.106	0.075	0.076	0.09	0.072	0.075	0.13	0.106	0.104
月收入	0.073	0.079	0.086	0.085	0.12	0.125	0.125	0.105	0.112	0.111
自变量										
内容社交		0.426^{**}	0.435^{**}	0.457^{**}						
渠道社交					0.334^{**}	0.327^{**}	0.238^{**}			
拟人化社交								0.541^{**}	0.537^{**}	0.418^{**}
调节变量										
性别			−0.22	0.219		−0.129	−0.128		−0.169	−0.17
交互项										
内容社交×性别				−0.048						
渠道社交×性别							0.198			
拟人化社交×性别										0.266
R^2	0.00	0.1	0.11	0.111	0.112	0.115	0.123	0.127	0.133	0.139
F值	0.06	7.531^{**}	6.723^{**}	5.596^{**}	8.558^{**}	7.071^{**}	6.316^{**}	9.866^{**}	8.312^{**}	7.278^{**}

如表6-17所示,按照检验办法,可知性别在内容社交、渠道社交和拟人化社交方面对品牌盈利能力作用时的调节效应不显著。

综上所述,内容社交对品牌忠诚度影响时性别调节效应显著,意味着内容社交对品牌忠诚度影响时性别的调节效应更强,即女性对在内容社交对品牌忠诚度影响时,表现出更强的调节效应。其他情况下,性别对因变量无影响,假设H11:性别在品牌社交和品牌影响力中起调节作用部分通过。

(二)年龄的调节效应

在检验年龄的调节效应时,将性别、收入和学历作为控制变量,分别以品牌传播力、品牌忠诚度、品牌盈利能力为因变量,以内容社交、渠道社交和拟人化社交以及其与年龄的交互项为自变量,通过判断系数的显著性水平来验证年龄的调节作用。本节的模型1表示只有控制变量下各变量的值,模型 2 表示自变量内容社交对因变量的影响,模型 3 表示在模型 2 的基础上加入年龄这个调节变量后对因变量的影响,模型 4 表示在模型 3 的基础上加入内容社交和年龄的交互项后对因变量的影响;模型 5 表示自变量渠道社交对因变量的影响,模型 6 表示在模型 2 的基础上加入年龄这个调节变量后对因变量的影响,模型 7 表示在模型 6 的基础上加入渠道社交和年龄的交互项后对因变量的影响,模型 8 表示自变量拟人化社交对因变量的影响,模型 9 表示在模型 2 的基础上加入年龄这个调节变量后对因变量的影响,模型 10 表示在模型 9 的基础上加入拟人化社交和年龄的交互项后对因变量的影响。

首先检验年龄在内容社交、渠道社交和拟人化社交方面对品牌传播力作用时的调节效应,结果如表 6—18 所示:

表 6—18　　　　　　年龄在内容社交、渠道社交和拟人化社交方面
对品牌传播力作用时的调节效应

因变量	品牌传播力									
控制变量	模型 1	模型 2	模型 3	模型 4	模型 5	模型 6	模型 7	模型 8	模型 9	模型 10
年龄	0.09	0.113	0.117	−0.044	0.089	0.108	0.107	0.092	0.124	0.125
学历	−0.078	−0.2	−0.008	0.076	−0.015	0.037	0.039	−0.056	0.03	0.031
月收入	−0.097	−0.1	−0.093	0.085	0.24	0.02	0.036	−0.036	−0.041	−0.04
自变量										
内容社交		0.592**	0.586**	0.569**						
渠道社交					0.428**	0.422**	0.4**			
拟人化社交								0.387**	0.39**	0.383**
调节变量										
性别			−0.102	−0.11		−0.086	−0.09		−0.141	−0.141
交互项										
内容社交×性别				−0.069						
渠道社交×性别							−0.126*			
拟人化社交×性别										−0.109
R^2	0.00	0.169	0.174	0.176	0.166	0.17	0.184	0.064	0.073	0.079
F 值	0.06	13.807**	11.405**	9.601**	13.565**	11.091**	10.136**	9.866**	8.312**	7.278**

如表 6—18 所示,按照检验办法,可知年龄在渠道社交对品牌传播力影响时显著,意味着渠道社交对品牌传播力影响时年龄会产生更强的调节效应。但内容社交和拟人化社交对品牌传播力影响时,年龄的调节效

应不显著。

接着检验年龄在内容社交、渠道社交和拟人化社交对品牌忠诚度作用时的调节效应,结果如表 6—19 所示:

表 6—19　　　　　年龄在内容社交、渠道社交和拟人化社交方面
对品牌忠诚度作用时的调节效应

因变量	品牌传播力									
控制变量	模型 1	模型 2	模型 3	模型 4	模型 5	模型 6	模型 7	模型 8	模型 9	模型 10
年龄	0.09	0.101	0.111	0.004	0.094	0.101	0.101	0.104	0.125	0.125
学历	−0.068	−0.05	−0.021	−0.016	−0.019	0.04	0.041	−0.025	0.031	0.031
月收入	−0.09	−0.12	−0.122	−0.116	0.005	0.003	0.014	−0.05	−0.054	−0.053
自变量										
内容社交		0.68 **	0.678 **	0.664 **						
渠道社交					0.413 **	0.411 **	0.396 **			
拟人化社交								0.461 **	0.463 **	0.46 **
调节变量										
性别			−0.046	−0.052		−0.036	−0.038		−0.091	−0.091
交互项										
内容社交×性别				−0.056						
渠道社交×性别							−0.085			
拟人化社交×性别										−0.042
R^2	0.25	0.251	0.252	0.176	0.177	0.184	0.102	0.107	0.107	
F 值	0.06	22.626 **	18.143 **	15.178 **	14.566 **	11.664 **	10.16 **	7.743 **	6.465 **	5.417 **

如表 6—19 所示,按照检验办法,可知年龄在内容社交、渠道社交和拟人化社交对品牌忠诚度作用时的调节效应不显著。

最后检验年龄在内容社交、渠道社交和拟人化社交对品牌盈利能力作用时的调节效应,结果如表 6—20 所示。

如表 6—20 所示,按照检验办法,可知年龄在内容社交、渠道社交和拟人化社交方面对品牌盈利能力作用时的调节效应不显著。

综上所述,年龄在渠道社交方面对品牌传播力作用时调节作用显著,意味着渠道社交对品牌传播力影响时,年龄的调节效应更强。其他情况下,年龄对因变量无显著调节作用,假设 H12:年龄在品牌社交和品牌影响力中起调节作用部分通过。

表 6—20　　　　年龄在内容社交、渠道社交和拟人化社交方面

对品牌盈利能力作用时的调节效应

因变量	品牌传播力									
控制变量	模型 1	模型 2	模型 3	模型 4	模型 5	模型 6	模型 7	模型 8	模型 9	模型 10
年龄	0.043	0.065	0.075	0.078	0.065	0.072	0.072	−0.075	−0.079	−0.077
学历	0.049	0.059	0.086	0.091	0.106	0.125	0.125	0.13	0.106	0.104
月收入	−0.218	−0.219	−0.22	−0.215	−0.127	−0.129	−0.128	0.105	0.112	0.111
自变量										
内容社交		0.437**	0.435**	0.424**						
渠道社交					0.329**	0.327**	0.326**			
拟人化社交								0.535**	0.537**	0.534**
调节变量										
性别			−0.045	−0.05		−0.031	−0.031		−0.079	−0.079
交互项										
内容社交×性别				−0.044						
渠道社交×性别							−0.006			
拟人化社交×性别										−0.043
R^2	0.00	0.109	0.11	0.111	0.115	0.115	0.115	0.13	0.133	0.134
F 值	00.7	8.835**	7.071**	5.872**	10.187**	8.312**	6.944**	10.187**	8.312**	6.944**

第四节　本章小结

本章对上一章建立的模型进行检验。本书收集了 277 份有效问卷，对微信公众号的品牌影响力、微信公众号的内容社交、微信公众号的渠道社交和微信公众号的拟人化社交进行了信度分析、效度分析和验证性因子分析。在得到结果后开始进行模型的回归分析，具体结果如下：

一、信度分析结果

本书将内容社交、渠道社交、拟人化社交、品牌传播力、品牌忠诚度、品牌盈利能力和品牌信任作为 7 个因子，样本量为 277，通过 SPSS 22 做可靠性分析，得出整体量表的 Cronbach α 值为 0.889。Cronbach α 值都在 0.7 以上，样本具有良好的信度。

二、效度分析结果

本书将内容社交、渠道社交、拟人化社交、品牌传播力、品牌忠诚度、品牌盈利能力和品牌信任作为 7 个因子,样本量为 277,运用 SPSS 22 检验效度,分析得到所有研究项对应的共同度值均高于 0.4,说明研究项信息可以被有效提取。另外,KMO 值为 0.880,大于 0.6,意味着数据具有效度。

三、验证性因子分析结果

本次验证性因子分析主要分析因子载荷系数(factor loading)值、聚合效度、区分效度、模型拟合指标。本书在进行验证性因子分析时,对 3 个潜变量即品牌传播力、品牌忠诚度和品牌盈利能力进行了分析,得到因子载荷系数值。这 10 个显变量标准载荷系数均高于 0.7。因变量品牌传播力、品牌忠诚度和品牌盈利能力有良好的聚合效度和区分效度。

对自变量内容社交的 3 个潜变量内容质量设计了 9 个显变量,有 8 个标准载荷系数高于 0.7;1 项低于强关系的 0.7,但高于弱关系的 0.4,根据分析结果和要求将此项保留。自变量内容社交有良好的聚合效度和区分效度。

对自变量渠道社交的 2 个潜变量内容质量设计了 6 个显变量,其中,5 个显变量标准载荷系数均高于 0.7;1 项低于强关系的 0.7,但高于弱关系的 0.4,根据分析结果和要求将此项保留。自变量渠道社交有良好的聚合效度和区分效度。

对自变量拟人化社交的 2 个潜变量内容质量设计了 6 个显变量,其中,4 个标准载荷系数高于 0.7;2 个低于强关系的 0.7,但高于弱关系的 0.4,根据分析结果和要求将此项保留。自变量拟人化社交有良好的聚合效度和区分效度。

四、模型检验结果

将内容社交、渠道社交和拟人化社交作为自变量,将品牌传播力、品牌忠诚度和品牌盈利能力作为因变量,将品牌信任作为中介变量,将性别和年龄作为调节变量,运用 AMOS 检验和 SPSS 分析,结果如下:内容社交对品牌盈利能力无直接正向作用;渠道社交对品牌忠诚度和品牌盈利能力无直接正向作用;拟人化社交对品牌传播力无直接正向作用;内容社交对品牌传播力和品牌忠诚度有直接正向作用;渠道社交对品牌传播力有直接正向作用;拟人化社交对品牌忠诚度和品牌盈利能力有直接正向作用。品牌信任在自变量即内容社交、渠道社交和拟人化社交对品牌传播力、品牌忠诚度和品牌盈利能力的作用时有显著中介效应。内容社交对品牌忠诚度影响时,性别会产生显著调节效应。渠道社交对品牌传播力影响时,年龄会产生显著调节效应。而在其他情况下,性别、年龄对在自变量对因变量的影响中均不显著。

本书的研究假设共 33 个,其中,24 个研究假设通过验证,5 个研究假设部分通过验证,4 个研究假设未通过验证,见表 6—21:

表 6—21   假设检验情况汇总表

序号	假设内容	通过情况
H1	内容社交对品牌影响力存在直接正向作用	部分通过
H1a	内容社交对品牌传播力存在直接正向作用	通过
H1b	内容社交对品牌忠诚度存在直接正向作用	通过
H1c	内容社交对品牌盈利能力存在直接正向作用	未通过
H2	内容社交对品牌信任存在直接正向作用	通过
H3	渠道社交对品牌影响力存在直接正向作用	部分通过
H3a	渠道社交对品牌传播力存在直接正向作用	通过
H3b	渠道社交对品牌忠诚度存在直接正向作用	未通过
H3c	渠道社交对品牌盈利能力存在直接正向作用	未通过

序号	假设内容	通过情况
H4	渠道社交对品牌信任存在直接正向作用	通过
H5	拟人化社交对品牌影响力存在直接正向作用	部分通过
H5a	拟人化社交对品牌传播力存在直接正向作用	未通过
H5b	拟人化社交对品牌忠诚度存在直接正向作用	通过
H5c	拟人化社交对品牌盈利能力存在直接正向作用	通过
H6	拟人化社交对品牌信任存在直接正向作用	通过
H7	品牌信任对品牌影响力存在直接正向作用	通过
H7a	品牌信任对品牌传播力存在直接正向作用	通过
H7b	品牌信任对品牌忠诚度存在直接正向作用	通过
H7c	品牌信任对品牌盈利能力存在直接正向作用	通过
H8	品牌信任在内容社交和品牌影响力之间起中介作用	通过
H8a	品牌信任在内容社交和品牌传播力之间起中介作用	通过
H8b	品牌信任在内容社交和品牌忠诚度之间起中介作用	通过
H8c	品牌信任在内容社交和品牌盈利能力之间起中介作用	通过
H9	品牌信任在渠道社交和品牌影响力之间起中介作用	通过
H9a	品牌信任在渠道社交和品牌传播力之间起中介作用	通过
H9b	品牌信任在渠道社交和品牌忠诚度之间起中介作用	通过
H9c	品牌信任在渠道社交和品牌盈利能力之间起中介作用	通过
H10	品牌信任在拟人化社交和品牌影响力之间起中介作用	通过
H10a	品牌信任在拟人化社交和品牌传播力之间起中介作用	通过
H10b	品牌信任在拟人化社交和品牌忠诚度之间起中介作用	通过
H10c	品牌信任在拟人化社交和品牌盈利能力之间起中介作用	通过
H11	性别在品牌社交和品牌影响力中起调节作用	部分通过
H12	年龄在品牌社交和品牌影响力中起调节作用	部分通过

第七章　结论与展望

第一节　研究结论

本书在研究了品牌理论、使用与满足理论以及传播理论的基础上,经过对扎根理论的研究,构建了"品牌社交—品牌信任—品牌影响力"模型,在模型构建的基础上提出了假设,并在变量测量后进行模型的验证。研究结论如下:

一、自媒体微信公众号具备品牌和社交的属性

目前东西方品牌营销的研究越来越多地涉及社交媒体、新媒体和自媒体,相关的研究正处于迅猛发展的阶段。其中,关于自媒体营销的研究现已成为营销学、传播学等相关学科关注的热门领域(Lamberton 等,2016)。我国学术界虽然已经观察到这一趋势,但是大多数文献仅仅停留在西方相关社交媒体研究理论的综述和评论阶段,或者是基于社交媒体的品牌营销研究,还未就自媒体的社交现象进行深入研究。

研究中发现微信公众号具有以下鲜明特点:(1)品牌载体是具有鲜明个性和情感特征的企业或个人,能被社会广泛认可;(2)微信公众号的品牌较强地依赖消费者持有的印象或情感,比以往的任何品牌都强调与消费者的互动,描述了消费者与公众号运营者建立互动关系时的全部体验;

(3)微信公众号的品牌形象是通过企业或个人的内容输出、渠道传播从而体现运营者的形象与内涵有机结合形成的整体。这几个特点非常符合品牌的识别、承诺、沟通和价值的功能特点。通过社交的定义和特征,发现微信公众号的交往通过点赞、评论、打赏、转发等形式进行,充分满足交往双方达成平等、自由、共享的特征,符合社交的基本属性。所以本书提出品牌社交是微信公众号以品牌个性为基础,以打造品牌为目的,通过社交行为来提高品牌在社交媒体方面的传播力、通过提升品牌的忠诚度和盈利能力提升品牌的影响力的行为过程。

二、品牌社交由内容社交、渠道社交和拟人化社交构成

本书通过文献综述,初步发现自媒体微信公众号营销的研究主要涵盖以下四个方面:一是针对微信公众号在传播学角度的应用研究;二是大数据背景下微信公众号的营销策略,主要研究关于数据挖掘对微信公众号营销的作用;三是研究微信公众号的营销策略对其购买意愿的影响;四是关于微信平台本身的研究。大部分关于社交营销的文献只谈品牌忠诚度、品牌依恋建设或者品牌影响力建设,也有很多文献谈到品牌忠诚和品牌依恋等对消费者的购买意愿。这些营销内容更侧重于谈传统的品牌营销或者在传统的渠道上谈营销;也有文献谈到社交媒体,但往往只是讨论具体产品或者服务在社交媒体上如何进行品牌运营或者品牌建设,社交媒体如何发挥渠道的作用,引领营销新方向。学术界对社交媒体中社交模式的研究仅在社会学和心理学中关于人际交往的理论中谈及,传播学范畴内对社交媒体中社交模式的探讨更加少,研究品牌与社交的有机结合也很少,更缺乏对微信公众号品牌社交的深入研究。

本书通过对扎根理论的研究,初步构建了品牌社交的三个维度,即内容社交、渠道社交和拟人化社交,而内容社交又由内容质量、内容体验和内容互动构成。在对量表的构建和测量时发现内容质量包括内容的深度、内容的专业度、信息的权威性、内容的丰富程度、内容的功能性、内容的时效性和更新频率等多个方面。内容体验则包括消费者对公众号内容的感兴趣程

度、内容是否有趣等。内容互动包括"大 V"对流量的引导、转发、推荐、口碑、流量转换等,这些都是阅读过程中互动的具体表现。渠道社交由私域社交和公域社交构成。公域社交是指运用政府、企业、事业单位等进行营销或宣传的官方渠道进行社交活动的行为。私域社交是指通过个人或朋友圈、一对一转发等渠道的传播行为。私域社交具有稳定的社交网络、更个性化、效率高、针对性强、方便等特点,使接受转发者感觉到被重视,有较强的信用感,并分享共同的兴趣。拟人化社交由个性社交和社群社交构成。个性社交是指微信公众号通过让读者相信其公众号是一个品牌、是一个展示平台,具有较高的识别度和自己的特色且内容有统一调性从而进行社交的行为。社群社交是指通过高质量的微信群、专业论坛等社群来进行社交的行为。通过社群社交可以发现,关系的强弱影响社交的效果,线上线下的活动形式不一样,线下需要组织活动来拓展品牌影响力。

三、品牌影响力的维度由品牌传播力、品牌忠诚度和品牌盈利能力构成

在文献研究阶段,本书发现目前国内研究微博影响力的文章很多,但关注微信公众号的影响力的文章很少。对微博影响力的关注重点基于微博的行业应用,包括下列几项:微博这个社交媒体上高校或政务机关的影响力作用机制研究;影视行业等传播途径上微博影响力的作用研究;基于旅游等产业的微博影响力评价机制研究;等等。这些研究的关注点在于微博官微传播力,但缺乏更多的维度讨论。针对微信公众号品牌影响力的相关研究不多,学界对品牌资产的研究较多,但缺乏从整体上对微信公众号影响力的综合评价。

本书通过对扎根理论的研究,初步构建了自媒体品牌影响力的三个维度,分别为品牌传播力、品牌忠诚度、品牌盈利能力。品牌传播力是指自媒体通过网络技术的传播能力,网络上对微信公众号的品牌传播力通常用新榜、清博大数据和西瓜助手等榜单和指数来指导和评价。品牌忠诚度指品牌运营者要真诚经营,提高品质,增强用户黏性,警惕"僵尸粉",培育深度粉丝,积极寻求反馈。品牌盈利能力是指自媒体通过自己的品牌社交行为和产生产品或服务的销售行为和利润的能力。目前自媒体的主要盈利模式有会员、音频课程、音视频直播、线下讲座、线下课程培训以及图书出版等。

四、品牌社交对品牌影响力有正向作用

经过文献研究和扎根理论研究,本书将内容社交、渠道社交、拟人化社交、品牌信任、品牌传播力、品牌忠诚度和品牌盈利能力作为 7 个因子,并分别对这些因子做了信度、效度和验证性因子分析。结果表明,7 个因子均显示良好的信度和效度,在进行验证性因子分析时,均在标准值以上,所以保留了全部量表的测项。

本书把内容社交、渠道社交和拟人化社交作为自变量,将品牌传播力、品牌忠诚度和品牌盈利能力作为因变量,将品牌信任作为中介变量,将性别和年龄作为调节变量,构建了结构方程模型并进行了路径分析、Bootstrap 检验和调节效应分析。结论如下:

(一)与内容社交相关的假设验证结论

假设"H1a:内容社交对品牌传播力存在直接正向作用"通过验证,说明内容的质量、体验和互动直接会对传播力产生影响,微信公众号的内容创作者们要积极创造出主质量的内容输出。"H1b:内容社交对品牌忠诚度存在直接正向作用"通过验证,说明内容的稳定和良好的内容互动会影响到消费者的品牌忠诚,微信公众号的订阅量和阅读量会处在一个持续上升的状态。同时,假设"H11:性别在品牌社交和品牌影响力中起调节作用"部分通过,因为发现了性别与内容社交的交互项在对品牌忠诚度调节时有显著影响。这提醒微信公众号的内容输出者们在内容创作时要区分性别,读者要有针对性。但是"H1c:内容社交对品牌盈利能力存在直接正向作用"这一假设未通过验证,意味着虽然阅读体验良好,文章质量过关,互动也十分活跃,但是并不能带来直接的收益,微信公众号并不能依靠内容直接盈利。事实证明,假设"H8c:品牌信任在内容社交和品牌盈利能力之间起中介作用"通过验证,正好说明,虽然内容社交不能直接

给品牌带来盈利,但是一旦读者建立起对微信公众号的信任感,信任感会增强消费者的购买意愿,通过信任来提高品牌的盈利能力。

(二)与渠道社交相关的假设验证结论

假设"H3a:渠道社交对品牌传播力存在直接正向作用"通过验证,表明无论是公域传播还是通过朋友圈传播,都会对微信公众号的传播力带来直接的正面作用,只要传播力度到位,渠道并不重要。值得一提的是,假设"H12:年龄在品牌社交和品牌影响力中起调节作用",因为年龄与渠道社交的交互项在对品牌传播力调节时有显著影响而部分通过,表明在渠道传播时,如果能针对年龄段投放信息,会起到直接的效果。但是假设"H3b:渠道社交对品牌忠诚度存在直接正向作用"和假设"H3c:渠道社交对品牌盈利能力存在直接正向作用"并未通过验证,表明渠道社交只对传播力有直接影响,渠道的作用并没有想象中那么大。有可能是因为目前公众号的传播渠道虽然听起来很多,但实际上只有两种传播途径,选择的机会很少,并不需要忠诚度的检验;也有可能是因为公域或私域的某一个渠道在起作用,但并没有共同影响到品牌的忠诚度。对于品牌的盈利能力也一样,消费者通过网络购买的方式与渠道并不直接相关。但只要加入品牌信任,假设"H8b:品牌信任在渠道社交和品牌忠诚度之间起中介作用"和"假设 H9c:品牌信任在渠道社交和品牌盈利能力之间起中介作用"也通过了检验,说明如果消费者充分信任信息的渠道来源,会形成品牌的忠诚和购买意愿,从而实现品牌盈利。

(三)与拟人化社交相关的假设验证结论

假设"H5a:拟人化社交对品牌传播力存在直接正向作用"未通过验证,这可能是因为拟人化社交的两个维度即个性社交和社群社交并未共同对拟人化社交起作用,或者只有一方在起作用,共同作用的效果不明显。为了验证是哪个维度在起作用,本书对个性社交和社群社交对品牌传播力、品牌忠诚度和品牌盈利能力分别作了检验,结果发现在拟人化社交的维度单独对品牌影响力的中介效应进行检验时,是存在正向显著作用的,但是当把社群社交和其他自变量同时对品牌影响力回归时,其就不存在正向作用。社群社交这个维度对拟人化社交对品牌影响力的影响时,作用比较微弱,原因可能包括:一是大家选择自媒体进行社交行为时,对社群的依赖性不强,更多地关注个性的社交行为;二是多数品牌社群活动在线下进行,不符合网友们注重隐私或者不愿意公开身份参加活动的特点;三是可能社群社交的量表内容"我愿意与微信公众号的作者和回复成员对话沟通,交流感情,建立关系""我在社群提出的话题,可获得其他成员的积极响应""我经常参与微信公众号社群中其他社群成员的话题,共同讨论,相互帮助"更多地关注个人意愿,受访者在填写问卷的时候本能性地选择不愿意。但假设"H10a:品牌信任在拟人化社交和品牌传播力之间起中介作用"验证通过。拟人化社交对通过品牌信任对品牌传播力产生作用,可能是因为个性社交或社群社交中的某一个因素促使品牌信任,从而产生传播意愿,影响了品牌的传播力。假设"H5b:拟人化社交对品牌忠诚度存在直接正向作用"和假设"H5c:拟人化社交对品牌盈利能力存在直接正向作用"通过了验证,说明个性化的品牌社交和社群活动会共同作用,影响到品牌忠诚。在盈利能力上,有个性的微信公众号的带货能力可能更强,社群活动也会对粉丝的数量起到一定的拉动作用。

(四)与品牌信任相关的假设结论

在进行中介效应检验时,品牌信任在自变量的三个维度对因变量的三个维度的 9 条路径中均显示出良好的中介作用。所不同的是有的路径是部分中介作用,比如在内容社交与品牌传播力之间、内容社交与品牌忠诚度之间、渠道社交与品牌传播力之间、拟人化社交与品牌忠诚度之间以及拟人化社交与品牌盈利能力之间均起部分中介作用,但在内容社交与品牌盈利能力之间、渠道社交与品牌忠诚度之间、渠道社交与品牌盈利能力以及拟人化社交与传播力之间起着完全中介作用,表明要想获得自媒体微信公众号良好的品牌传播力、更高的品牌忠诚度和更好的品牌盈利能力,品牌信任起着重要的作用。无论在微信公众号的内容质量、内容体验和内容互动,还是渠道社交中的公域社交和私域社交,或者是拟人化社交中的个性社交与社群社交方面,提升品牌信任都是重中之重。这也许是因为互联网大数据时代人与人之间的相互交流和沟通不多,构筑信任的平台也不多,所以显出信任的珍贵和重要。

(五)与性别、年龄相关的假设结论

在检验与性别相关的假设时发现,假设 H11:性别在品牌社交和品牌影响力中起调节作用部分通过。只有内容社交对品牌忠诚度影响时性别调节效应显著,意味着内容社交对品牌忠诚度影响时性别的调节效应更强。根据 SPSS 的分层分析可知,以男性为参照项,即女性在内容社交对品牌忠诚度影响时,表现出更强的调节效应。其他情况下,性别对因变量无调节作用。这个结论和文献综述的研究结论较吻合,也有可能是因为这次的样本数据中女性受访者偏多,占 58.12%,女性可能会认为自己在内容社交时有更高的忠诚度。

在检验与年龄相关的假设时发现,假设 H12:年龄在品牌社交和品牌影响力中起调节作用部分通过。年龄在渠道社交对品牌传播力影响时显著,意味着渠道社交对品牌传播力影响时年龄会产生更强的调节效应。这可能是因为本次的样本中 49.82% 的受访者年龄低于 25 岁,这个群体的消费者比较关注传播力,这也提醒自媒体的运营者们要更加关注低龄化的受众对传播力的影响,对平均阅读量和点赞数贡献更强的是这个年龄段的人群。在品牌传播力的影响中,分年龄段进行传播和有针对性地引导消费者,是未来自媒体营销要注意的方向。

第二节 管理启示

一、政府层面

(一)建立高效的信任机制

品牌信任是企业建立与消费者关系的关键。企业营销的终极目的就是在消费者和品牌之间产生强韧的关系纽带,而这一纽带的主要组成部分就是信任。在一些行业中,品牌信任对品牌忠诚的作用要大于顾客满意的作用,是品牌忠诚最重要的前因(金玉芳,2005)。同样,在我们的社会中,政府公信力是政府通过自身行为获取公众信任、拥护和支持的一种能力。重塑政府公信力的根本是要提高民众对政府所提供各种服务的满意程度和认可程度。要让百姓满意,就需对政府进行改革,不断提高政府工作的权威性、民主程度、服务程度、法治建设程度和开放程度,政府要迅速转变为能够适应当前环境的责任型、服务型、法制型、开放型政府。只有尽快实现这样的职能转变,才能让民众更加信任政府。

（二）充分发挥公域的效能

自媒体的出现可以说是最接近于哈贝马斯提出的公共领域,也是我国公共领域发展到新一阶段的划时代标志,必然对我国公共领域发展有着极大的促进作用。自媒体正在成为一种令大众所惊叹的改变世界的媒体新力量(范丹,2012)。从本书的结论不难发现,公域传播渠道会影响到品牌影响力,如果政府机构利用好网络这个信息平台,比如,公共领域的政府网站,改善信息公开的速度、广度、深度,那么会有助于打造政府良好的形象。在内容互动环节,如果能加强与读者的互动,利用好自媒体平台,如微信公众号、论坛或官方微博、微信公众号,加强与民众的互动交流,拉近与民众的距离,也有利于改善政府形象。

二、自媒体行业

（一）打造"头部效应"

我国目前自媒体行业竞争呈现出两大典型特征:一是"头部效应",二是"区域聚集"(陈姣姣,2017)。自媒体和一切互联网业态表现一致,呈现出明显的"头部"区域＋"长尾"区域。而自媒体体现出明显的"头部效应",即流量分成、广告投放、读者打赏等收益,以及各类投资几乎都被行业头部垄断。要想成为行业头部,需注意自媒体的品牌社交活动,在品牌社交的三个维度全面提高质量,成为自媒体激烈竞争中的赢家。

(二)打通自媒体的社交通道

过去 5 年,各大自媒体平台忙于抢夺用户和用户时间,而未来的 5 年,是各大平台开始做在线支付、流量转化、内容变现的 5 年。对于自媒体行业来说,下属平台未来只有打通社交和支付功能,在内容生态领域形成闭环才能领先于其他平台。自媒体平台的变现机会越来越多,如果能在内容社交领域注意提高内容质量、增加内容体验和内容互动,自媒体的品牌价值则会相应增强。打通社交功能,要注意内容社交、渠道社交和拟人化社交的三个维度相互作用,同时注意增强用户信任,加速打通自媒体行业的社交通道。

三、自媒体运营者

(一)营销要注重品牌社交

自媒体以"自"为主体,打造以自我为特征的品牌商品。自媒体的内容输出、渠道输出就是传播主体实现拟人化的过程。在这个过程中,自媒体要注重输出内容的质量,把高质量的内容呈现给消费者;同时,加强消费者或读者的体验,增加阅读兴趣和共鸣;互动更加重要,把从单向的输出信息改为及时的反馈和互动。在这个过程中尤其要注意对性别的差异性营销,因为性别会影响内容对品牌忠诚度的作用。公域的传播和私域同样重要,不光要从官微推送,有时意见领袖或其他一些有影响力的自媒体公众号也有着很强的引导和传播效能。自媒体的公众号都很有个性,这也是其影响力的重要来源,唯有将品牌视为一个人,才能把品牌摆在与消费者对等的位置进行交流。社群关系的打造和拓展也是重要的扩大影响力的途径。对于自媒体而言,做自媒体微信公众号,就是做社交。自媒体的品牌社交是助推品牌影响力的重要途径。

(二)自媒体的品牌影响力打造要分维度进行

自媒体的品牌影响力维度与其他商品的品牌影响力维度略有不同,

自媒体的内容输出和渠道传播对自媒体来说是最重要的两个抓手,要想提高自媒体的品牌影响力,必须提高其品牌传播力、品牌忠诚度和品牌盈利能力。品牌传播力由内容输出的内容质量、内容体验和内容互动,渠道传播的公域渠道传播和朋友圈的私域渠道传播以及拟人化社交中的个性和社群关系决定。要提高自媒体的品牌影响力,以下三部分缺一不可:首先,内容质量的高低、内容体验的好坏及内容互动的频率和内容都会影响自媒体的内容输出,从而对内容社交的作用产生影响;在内容质量、内容体验和内容互动时要注意性别的差异,性别会影响内容输出对品牌忠诚的作用,所以差别性地输出内容是保持品牌忠诚度的好办法。其次,在传播渠道领域,自媒体的渠道选择在渠道传播的过程中不光要注重私域的朋友圈的社交,还要注重公共领域的传播,不要轻视公共领域的社交作用。进行渠道传播,要注意分年龄传播,因为年龄会在渠道影响传播力的时候起到调节作用,所以针对性地分代际分年龄分渠道传播,会取得更好的效果。最后,在打造品牌社交的过程中,要注意提高自媒体的个性,打造自媒体的"人设",因为拟人化社交正向影响品牌影响力。

第三节　研究局限及后续研究

一、研究局限

首先,在文献研究过程中,由于品牌理论的相关文献非常多,与品牌相关的应用研究也很广泛,有时不能涵盖所有的相关文献,在进行文献综述时仍然受到阅读量和资料量的局限。

其次,在扎根理论研究时,扎根的对象都有营销相关知识,有的是公众号的运营者,有的是学者或者研究者,这些扎根对象会有些基础知识,对品牌与社交的关系都能感知到。这对原始资料的收集会产生一些局限,无法得到一部分完全不熟悉品牌和社交对象的观点。与此同时,大部分的对象并非运营者,虽然这与本书的研究视角不谋而合,因为本书的研究视角是基于微信公众号的消费者,但这对于扎根对象的分布仍是一个局限。在研究品牌影响力的维度时,本书结合扎根理论和文献,只得出了三个维度,还有一些诸如"意见领袖"的研究不够。

再次,在进行研究设计和模型构建时,除了扎根理论的研究结果,其实文献资料也是非常重要的参考,但由于目前研究品牌社交的文献较少,所以这方面的支撑力度显得不足。在提取中介变量时,本书只提取了品牌信任这一个中介变量,其实诸如品牌依恋、品牌美誉度等都是可以考虑的变量。

最后,在进行模型验证时,分析中介效应和调节效应研究了很多文献,花了很多时间,如果自己能更熟悉软件的应用和原理,则可以节约更多时间。

二、后续研究

首先,要验证理论对其他自媒体平台的适用程度,针对性地继续发放问卷,观测其他自媒体平台的品牌社交与品牌影响力的关系,重点考查本研究成果对抖音、直播、小红书等平台的适用性和适用度。

其次,要从微信公众号的企业官微入手,进行针对微信公众号横向的研究。目前的研究基于消费者的视角,切入的角度也是从日常的读者和生活层面,但是现在各个企业都有了自己的微信公众号,从企业的角度来思考品牌社交的不同层级和拓宽研究的维度。

再次,深入挖掘自媒体的品牌社交或品牌影响力的某个维度,比如,微信公众号的内容社交与内容营销的关系、社群关系在企业和消费者心中的重要性程度的一致性。在进行扎根理论研究时,本书发现有多人表示不愿意参加线下的社群活动,是因为担心隐私得不到保护。

最后,微信这个平台还值得继续深入研究其关系营销、微信公众号的关系营销与传统的关系营销的差异分析或者关系营销新维度的构建与探讨等。未来自媒体的变化是质变,各个自媒体产品对内容生产者、传播者、社交者们有着不一样的要求。随着5G时代的到来,可以预见自媒体将在品牌社交和营销推广领域里迸发出更加巨大的发展潜力和品牌价值。

参考文献

[1]伊丽莎白·诺尔-诺依曼.沉默的螺旋:舆论我们的社会皮肤[M].北京:北京大学出版社,2013.

[2]尤尔根·哈贝马斯.公共领域的结构转型[M].曹卫东,等译.上海:学林出版社,1999.

[3]尼古拉斯·克里斯塔基斯,詹姆斯·富勒.大连接:社会网络是如何形成的以及对人类现实行为的影响[M].北京:中国人民大学出版社,2013.

[4]冈崎茂生.中国品牌全球化[M].赵新利,译.北京:中国传媒大学出版社,2016.

[5]卡麦兹(Charmaz,K).建构扎根理论:质性研究实践指南[M].边国英,译.重庆:重庆大学出版社,2009.

[6]《2019－2020微信就业影响力报告》发布[OL].中国信通院[2020－05－14]http://www.catr.cn/xwdt/ynxw/202005/t20200514_281775.htm.

[7]2021年微信之夜,张小龙:每天有10.9亿人打开微信[OL].掌上春城(企鹅号)[2021－01－20]https://new.qq.com/omn/20210120/20210120V06DBK00.html.

[8]阿久津聪,石田茂,韩中和.文脉品牌:让你的品牌形象与众不同[M].上海:上海人民出版社,2005.

[9]艾四林.哈贝马斯.交往理论评析[J].清华大学学报:哲学社会科学版,1995(3):11－18.

[10]艾文丁·萨庇罗.营销术语词典[M].周南,吴有根,译.福建:福建人民出版社,1983.

[11]艾兴政,唐小我,马永开.传统渠道与电子渠道预测信息分享的绩效研究[J].管理科学学报,2008(1):12－21.

[12]邸红艳.品牌竞争力影响因素分析[J].中国工程科学,2002(5):79—83+87.

[13]伯特.结构洞:竞争的社会结构[M].上海:上海人民出版社,2008.

[14]曹钦,原辰辰."使用与满足"理论文献综述[J].东南传播,2013(12):18—20.

[15]曹瑞昌,吴建明.信息质量及其评价指标体系[J].情报探索,2002(4):6—9.

[16]曹西京.流量为王时代,要速度还是要真实[J].青年记者,2020,684(28):35—36.

[17]曹钰枫.大数据时代平台型音乐媒体内容精准推送问题探析——以网易云音乐为例[J].传播力研究,2018,2,24(12):245.

[18]柴辉.调查问卷设计中信度及效度检验方法研究[J].世界科技研究与发展,2010,32(4):548—550.

[19]常力轩,梁笑然,张天.中美主流媒体国际争端报道社交端影响力比较——以新华社、美联社 Facebook 平台"中美贸易争端"报道为例[J].今传媒,2020,28(1):76—79.

[20]陈彬.动漫作品的"使用与满足"分析[J].北方文学:下,2012,000(002):201.

[21]陈姣姣.移动互联网时代微信垂直自媒体内容模式现状及运营问题研究[D].中央民族大学,2017.

[22]陈君.网络营销中顾客信任度对品牌竞争力的影响分析[J].时代经贸,2021,18(1):108—110.

[23]陈其明,刘荣秀.教育研究何以走向公共领域[J].教育情报参考,2010.

[24]陈倩月,余明阳.社会化电商互动性对品牌忠诚的影响研究——一个有调节的中介效应模型[J].上海管理科学,2016,38(6):37—43.

[25]陈容容.虚拟品牌社群中顾客互动对品牌忠诚度的影响——基于电子信息产品虚拟社区 369 个样本的分析[J].浙江树人大学学报(人文社会科学),2018,18(4):27—34.

[26]陈卫星.麦克卢汉的传播思想[J].新闻与传播研究,1997(4):31—37.

[27]陈宪奎,刘玉书.2003—2014 年中美自媒体研究和比较分析——基于数据挖掘的视角[J].新闻与传播研究,2015,22(3):80—98+128.

[28]陈小中.新媒体的整合营销传播价值探析[J].现代营销(下旬刊),2017(6):92.

[29]陈晓峰.企业社会责任与顾客忠诚度关系的实证分析——基于牛乳制品消费者的视角[J].科研管理,2014,35(1):98—106.

[30]陈笑春.微博意见领袖在建构网络公共议题中的作用[J].青年记者,2014(26):84—85.

[31]陈滢.社会化媒体下的个人品牌传播研究[D].江西财经大学,2013.

[32]代玉梅.自媒体的本质:信息共享的即时交互平台[J].云南社会科学,2011(6):172—174.

[33]戴永.客户忠诚度的发展瓶颈[J].合作经济与科技,2005(20):14—15.

[34]丹尼斯·麦奎尔.麦奎尔大众传播理论:第四版[M].北京:清华大学出版社,2006.

[35]邓香莲,於春.微博时代意见领袖对国民阅读的引导[J].编辑学刊,2012(2):17—21.

[36]邓新民.自媒体:新媒体发展的最新阶段及其特点[J].探索,2006(2):134—138.

[37]丁川芮.人格特质对社会化问答社区用户信息行为影响研究[D].西南科技大学,2018.

[38]丁汉青,李华.网络空间内意见领袖在消费者维权活动中的作用——以惠普"质量门"事件为例[J].新闻大学,2010(3):128—137.

[39]丁家永.社会化媒体营销中的"粉丝"心理与营销策略[J].心理技术与应用,2015(10):30—33.

[40]丁立群.交往、实践与人的全面发展[J].哲学研究,1992(7):10—15.

[41]丁夏齐,马谋超,王咏,等.品牌忠诚:概念、测量和相关因素[J].心理科学进展,2004(4):594—600.

[42]丁勇,肖金川,朱俊红.社会化媒体对品牌偏好的影响研究:基于顾客感知价值的视角[J].运筹与管理,2017,26(6):176—184.

[43]董蓉.浅析网络新媒体多渠道传播与社会舆论导向之间的关系[J].科技传播,2019,11(10):114—115.

[44]董志勇,狄晓娇.对中国信用卡消费群体特征的多元统计分析[J].金融论

坛,2007(6):30—34.

[45]董智敏,卫海英,冉雅璇.企业微博互动内容对品牌依恋的影响研究——品牌个性的调节作用[J].珞珈管理评论,2019(4):132—146.

[46]窦文静,罗津,吕巍,等.不利事件导致品牌信任破坏的外显和内隐研究[J].上海管理科学,2017,39(4):83—90.

[47]杜佳,安景文.社会化媒体品牌社群互动及网络密度影响研究[J].天津大学学报(社会科学版),2018,20(6):503—511.

[48]段淳林.KOC:私域流量时代的营销新风口[J].中国广告,2019.

[49]范丹.微博对"公共领域"的构建作用研究[D].辽宁大学,2012.

[50]范二平.品牌价值提升策略探讨[J].企业经济,2013,32(1):21—24.

[51]范晓屏.基于虚拟社区的网络互动对网络购买行为的影响研究[D].浙江大学,2007.

[52]方冰.基于社会化媒体营销的品牌内容传播[D].中国科学技术大学,2010.

[53]方杰,温忠麟,张敏强,等.基于结构方程模型的多重中介效应分析[J].心理科学,2014,37(3):735—741.

[54]方乐莺.档案文化产品的多渠道传播研究[J].兰台世界,2017(1):45—47.

[55]方兴东,石现升,张笑容,等.微信传播机制与治理问题研究[J].现代传播,2013(6):122—127.

[56]菲利普·科特勒.塑造知名度:科特勒论个人品牌营销[M].郭国庆,等译.北京:人民邮电出版社,2007.

[57]菲利普·科特勒,加里·阿姆斯特朗.市场营销原理[M].北京:清华大学出版社,2007:221.

[58]风笑天.方法论背景中的问卷调查法[J].社会学研究,1994(3):13—18.

[59]冯彩云.基于移动社交平台下的社群营销模式探究[J].生产力研究,2020,000(001):153—156.

[60]符国群.品牌延伸研究:回顾与展望[J].中国软科学,2003,(1):75—81.

[61]付树森.企业微博对受众再传播意愿和品牌态度的影响研究[D].西南财经大学,2013.

[62]傅慧芬,赖元薇.消费电子品品牌社交媒体内容营销策略研究——基于联想、华为、HTC和三星微信公众号的内容分析[J].管理评论,2016,28(10):259—

272.

[63]高志敏. 消费者虚拟品牌社群参与动机对品牌忠诚的影响研究[D]. 东北财经大学,2016.

[64]顾润德,陈媛媛. 社交媒体平台 UGC 质量影响因素研究[J]. 图书馆理论与实践,2019(3):44—49.

[65]关辉国,耿闯闯,陈达. 顾客消费体验对品牌资产影响效应路径研究——基于线上价值共创的新视角[J]. 西北民族大学学报(哲学社会科学版),2018(1):80—88.

[66]关鑫. 品牌信任对转发意愿影响[D]. 华东师范大学,2016.

[67]郭国庆,陈凤超,连漪. 品牌拟人化理论最新研究进展及启示[J]. 中国流通经济,2017, 31(7):64—69.

[68]郭海霞. SNS 网络社区信息传播研究[J]. 情报杂志,2011,30(S2):126—129.

[69]郭锐,陶岚,汪涛,等. 民族品牌跨国并购后的品牌战略研究——弱势品牌视角[J]. 南开管理评论,2012(3):3:42—50.

[70]郭涛. 探析网络知识社群中意见领袖的转型——以"逻辑思维"为例[J]. 传媒论坛,2020,3(6):164—165.

[71]郭文月,王庆敏. 基于大学生群体调查的电商品牌传播效果分析——以"三只松鼠"为例[J]. 电子商务,2019(5):42—43+49.

[72]郭显光. 如何用 SPSS 软件进行主成分分析[J]. 统计与信息论坛,1998(2):61—65.

[73]郭旭. 消费明星——下一个变革的风口? [J]. 现代广告, 2018, 355(3):60—61.

[74]郭永新, 王高, 齐二石. 品牌、价格和促销对市场份额影响的模型研究[J]. 管理科学学报, 2007(2):59—65.

[75]哈罗德·拉斯韦尔著. 社会传播的结构与功能:中文·英文(双语版)[M]. 何道宽,译. 中国传媒大学出版社, 2012.

[76]韩光军. 论品牌延伸[J]. 北京商学院学报,1997(1):30—31.

[77]韩晓宁,王军,张晗. 内容依赖:作为媒体的微信使用与满足研究[J]. 国际新闻界,2014,36(4):82—96.

[78]韩雨霏.基于使用与满足理论分析网络直播中建立的社交关系[J].新媒体研究,2019,5(13):17-18.

[79]何建民.西方品牌理论述评——创建与管理品牌的方法[J].上海商业,2001,(12):12-15.

[80]何亮莉.新媒体语境下的公域与私域研究——以微信空间中的自由表达为例[J].环球首映,2019,000(004):166-166.

[81]何文娟.微博情感营销对消费者购买意愿的影响研究[D],安徽大学,2016.

[82]贺爱忠,蔡玲,高杰.品牌自媒体内容营销对消费者品牌态度的影响研究[J].管理学报,2016(10):1534-1544.

[83]侯丽珊.科技期刊多渠道精准传播体系的构建和应用[J].中国科技期刊研究,2017,28(5):422-426.

[84]侯淑霞,陈佳琪.产品功能价值对品牌忠诚度的影响研究——基于品牌伦理、品牌信任的中介作用[J].财经理论研究,2019(3):76-85.

[85]侯莹莹,余国新.乳制品消费者品牌忠诚度影响因素分析——以新疆乌鲁木齐市为例[J].中国乳业,2013(3):15-17.

[86]胡欢欢.品牌定位与品牌建设——十年来中外品牌研究综述[J].今日南国(理论创新版),2008(4):29-30+153.

[87]胡小清.基于自媒体社群的社会化阅读产品的内容特色及营销策略研究——以微信公众号"吴晓波频道"为例[D].重庆大学,2018.

[88]黄楚新,王丹.微信公众号的现状、类型及发展趋势[J].新闻与写作,2015,000(007):5-9.

[89]黄国凡,张钰梅.图书馆微信公众号内容营销策略:基于微信传播指数 WCI 的分析[J].图书馆杂志,2015,34(9):91-96.

[90]黄京华,金悦,张晶.企业微博如何提升消费者忠诚度——基于社会认同理论的实证研究[J].南开管理评论,2016,19(4):159-168.

[91]黄美花.新零售背景下多渠道零售商的渠道融合分析[J].长沙大学学报,2018,32(6):52-54.

[92]黄胜兵,卢泰宏.品牌个性维度的本土化研究[J].南开管理评论,2003(1):4-9.

[93]黄时进.网络时代科学传播受众的"使用与满足"——一项关于上海社区居

民网络使用的实证研究[J].新闻界,2008(6):54—56+21.

[94]黄彦蓁.公开性社交媒体的可信度、品牌态度与消费行为的影响研究[J].财富时代,2020,000(001):133—133.

[95]丹·吉摩尔.草根媒体[M].陈建勋,译.南京:南京大学出版社,2010.

[96]贾英健.《德意志意识形态》中的交往思想探要[J].理论学刊,1995,(6).

[97]江丹林.论交往实践观与唯物史观的内在联系[J].哲学研究,1992(1):32—40.

[98]江若尘,徐冬莉,严帆.网络团购中感知风险对信任及购买意愿的影响[J].现代财经(天津财经大学学报),2013,33(1):87—96.

[99]蒋朦.社交媒体复杂行为分析与建模[D].清华大学,2015.

[100]蒋震浩.互联网"自媒体—平台—自媒体"传播模式[J].信息与电脑:理论版,2009,000(007):67—68.

[101]杰斐逊,坦顿.内容营销[M].北京:企业管理出版社,2014:4—18.

[102]佘海容.金融投资类微信自媒体盈利模式研究[D].西南交通大学,2018.

[103]金立印.基于品牌个性及品牌认同的品牌资产驱动模型研究[J].北京工商大学学报(社会科学版),2006(1):38—43.

[104]金燕.国内外 UGC 质量研究现状与展望[J].情报理论与实践,2016,39(3):15—19.

[105]金玉芳,董大海,刘瑞明.消费者品牌信任机制建立及影响因素的实证研究[J].南开管理评论,2006(5):28—35.

[106]金昱,崔春山,金银哲.体育品牌资产构成因素之间的相关研究[J].南京体育学院学报(社会科学版),2014,28(5):41—45.

[107]靳代平,董舒.国外品牌管理理论研究的最新进展及其述评[J].上饶师范学院学报,2016,36(4):59—69.

[108]靳代平,王新新,姚鹏.品牌粉丝因何而狂热?——基于内部人视角的扎根研究[J].管理世界,2016(9):102—119.

[109]靖鸣,刘锐.手机人际传播的动机分析——"手机传播的人际动机、心理与社会学解构"之一[J].新闻知识,2008(6):54—56.

[110]凯文·莱恩·凯勒.战略品牌管理:第 3 版[M].卢泰宏,吴水龙,译.北京:中国人民大学出版社,2009.

[111]康庄,石静.品牌资产、品牌认知与消费者品牌信任关系实证研究[J].华东经济管理,2011,25(3):99-103.

[112]科特勒.营销革命3.0[M].北京:机械工业出版社,2011:3-25.

[113]孔清溪.隐性与显性的优势互补——内容营销与传统广告的全方位解析[J].广告大观(理论版),2009(2):17-20.

[114]赖元薇.全球品牌利用社交媒体内容营销提升品牌忠诚度的机制研究[D].对外经济贸易大学,2017.

[115]李本乾.描述传播内容特征检验传播研究假设——内容分析法简介(上)[J].当代传播,1999(6):39-41.

[116]李彪.微博中热点话题的内容特质及传播机制研究——基于新浪微博6025条高转发微博的数据挖掘分析[J].中国人民大学学报,2013,27(5):10-17.

[117]李晨旭.微信"朋友圈"交往方式的社会学分析[D].东北财经大学,2015.

[118]李翠玲,秦续忠,赵红.旅游目的地品牌忠诚度与整体印象影响因素研究——以新疆昌吉州为例[J].管理评论,2017,29(7):82-92.

[119]李丹.社交网站用户的行为和动机[J].传媒观察,2009(4):44-45.

[120]李飞.全渠道营销理论——三论迎接中国多渠道零售革命风暴[J].北京工商大学学报(社会科学版),2014,29(3):1-12.

[121]李付梅.产品生命周期与品牌的可持续发展研究[J].现代商贸工业,2008.

[122]李静.国内视频分享网站的内容营销研究[D].华东师范大学,2010.

[123]李莉,张捷.互联网信息评价对游客信息行为和出游决策的影响研究[J].旅游学刊,2013,28(10):23-29.

[124]李明德,高如.媒体微信公众号传播力评价研究——基于20个陕西媒体微信公众号的考察[J].情报杂志,2015,000(007):141-147.

[125]李莎莎,吴相利,黄蕡丹.基于顾客感知的服务企业品牌影响力评价研究[J].黑龙江对外经贸,2010(5):48-50.

[126]李思慧,胡淑琴,潘珊珊.新媒体视角下我国社交电商的品牌传播策略探究——以拼多多品牌为例[J].经济视角,2020(1):28-35.

[127]李薇.基于微信的新媒体品牌传播——以"她生活"为例[J].新闻知识,2014(6):50-52.

[128]李晓辉.公域与私域的划分及其内涵[J].哈尔滨商业大学学报(社会科学版),2003(4):124—127.

[129]李馨雨.基于微信自媒体平台的媒介营销模式研究[D].新疆财经大学,2017.

[130]李云鹤,李湛,唐松莲.企业生命周期、公司治理与公司资本配置效率[J].南开管理评论,2011,14(3):110—121.

[131]李震.服务接触情境下的极致体验及其作用机制研究[D].上海财经大学,2019.

[132]李志刚.扎根理论方法在科学研究中的运用分析[J].东方论坛:青岛大学学报,2007.

[133]梁威.顾客承诺构成维度、驱动因素及对品牌忠诚的影响研究[D].复旦大学,2008.

[134]梁彦冰,崔雪松.SPSS 15.0统计分析与实践应用宝典[M].北京:中国铁道出版社,2010.

[135]林炳坤,吕庆华,杨敏.多渠道零售商线上线下协同营销策略研究[J].软科学,2016,30(12):135—139.

[136]林恩·阿普绍.塑造品牌特征[M].北京:清华大学出版社,1999.

[137]林鑫.基于用户圈和内容联动关系的 UGC 内容质量评估[D].北京邮电大学,2015.

[138]林艳,于沙沙.在线心流体验、顾客契合与品牌忠诚度——基于网购 VR 视角[J].经济与管理,2019,33(6):44—49+71.

[139]刘春雄.一文读懂社群商业[J].销售与市场(管理版),2018,635(6):26—28.

[140]刘丹.植入性广告的品牌——内容契合度对品牌认知与态度的影响[D].湖南大学,2013.

[141]刘芳芳,张婉婷.基于微博社区的用户影响力评价研究[J].电脑知识与技术,2019,15(10):248—250.

[142]刘果.微博意见领袖的角色分析与引导策略[J].武汉大学学报(人文科学版),2014,67(2):115—118.

[143]刘捷,王玥清,任贵珍,等.音频知识付费平台用户黏性评估体系研究——

基于 ISM 模型及 AHP 法的应用[J].中国商论,2019(18):239－241.

[144]刘静远."使用与满足"理论文献综述[J].新闻研究导刊,2016,7(18):78＋41.

[145]刘凯,支辛.私域空间的舆论类型及传播规律[J].青年记者,2020,689(33):39－40.

[146]刘利群,王琴.媒介图景中的性别平等——近五年"妇女与媒介"行动回顾与展望[J].山东女子学院学报,2021(1):22－29.

[147]刘六平.品牌个性感知对品牌忠诚的影响研究[D].江西财经大学,2009.

[148]刘茂红.品牌个性对口碑传播的作用机制:品牌依恋的形成与表达[J].企业经济,2020(3):67－75.

[149]刘淼.微信公众号图书营销策略——以逻辑思维为例[J].大众投资指南,2019.

[150]刘敏.供给侧改革背景下我国民族消费品牌创新发展研究[J].求索,2017,000(010):83－89.

[151]刘培.用户使用图书馆微信的影响因素研究[D].山东大学,2015.

[152]刘枭.品牌社区顾客感知价值对品牌忠诚的影响[J].商场现代化,2016(17):26－28.

[153]刘晓红.大众传播与人类社会——西方传播政治经济学的诠释[D].复旦大学,2003.

[154]刘永忠,李沛然.企业微信营销的优势研究[J].中国商贸,2014,000(03X):22－23.

[155]刘泳岐.自媒体在新媒体发展中的价值与意义——以新浪微博为例[J].计算机产品与流通,2017,000(009):239.

[156]刘志明,刘鲁.微博网络舆情中的意见领袖识别及分析[J].系统工程,2011,29(6):8－16.

[157]娄亚茹.价值共创视角下长租公寓盈利能力提升研究[D].郑州大学,2019.

[158]卢艳峰.虚拟社区互动沟通对网络购物意向的影响模式研究[D].浙江大学,2006.

[159]陆耿.传统文化典籍大众传播的多渠道选择[J].绍兴文理学院学报(哲学社会科学版),2012,32(2):56－59＋66.

[160]罗磊,卫海英.品牌资产内涵和外延的再认识[J].商业时代,2005(21):30—31.

[161]罗萧,蒋明华.内容营销、品牌认同与消费者品牌忠诚[J].商业经济研究,2019,786(23):75—78.

[162]吕杰,徐静.自媒体时代对高校思想政治教育工作的影响及应对策略[J].山东青年政治学院学报,2013,29(2):72—76.

[163]吕靖.智能手机在购买之旅中的使用及其影响——来自实体零售业的实证研究[J].产业经济评论,2019(6):107—124.

[164]吕蒙.网络社交媒体关系网络与品牌传播[D].辽宁大学,2013.

[165]马红岩.基于内容营销的微信传播效果研究[J].商业研究,2014(11):122—129.

[166]马克思,恩格斯.马克思恩格斯选集[M].北京:人民出版社,1995:56.

[167]马向阳,王宇龙,汪波,等.信息交流障碍对虚拟品牌社区中"社区互动与品牌忠诚"关系的调节作用——以小米社区为例[J].工业工程与管理,2015,20(6):152—160+166.

[168]马向阳.纯粹关系:网络分享时代的社会交往[M].北京:清华大学出版社,2015.

[169]马岩,王道理,陈洪桃.雇主品牌、情感承诺与员工忠诚度关系的实证研究[J].现代商业,2019(30):12—15.

[170]马泽华.不同类社会化媒体信息传播对广告营销的影响——以 Twitter 和 Facebook 为例[J].中国商贸,2013(21):31—33.

[171]麦奎尔,温德尔.大众传播模式论[M].上海:上海译文出版社,1987.

[172]门雨舒,刘东胜.代际关系对品牌忠诚度的影响研究——基于代际影响视角[J].中国市场,2018(9):136—137.

[173]穆胜.消费互联网下半场:公域和私域的流量争夺是毫无疑问的热点[J].中国商人,2020(1):80—83.

[174]聂磊,傅翠晓,程丹.微信朋友圈:社会网络视角下的虚拟社区[J].新闻记者,2013(5):71—75.

[175]聂勇浩,陈函.内容为王:档案馆官方微信传播效果的影响因素研究[J].档案学研究,2019(6):53—59.

[176]牛小静. 社交媒体背景下内容营销对消费者品牌传播意愿的影响研究[D]. 杭州电子科技大学,2020.

[177]潘祥辉. 对自媒体革命的媒介社会学解读[J]. 当代传播,2011(6):25－27＋30.

[178]彭瑾. 基于品牌社交功能的广告设计研究[D]. 广西师范大学,2018.

[179]彭巍然,解迎春. 微信自媒体盈利模式研究[J]. 当代传播,2014(6):78－80.

[180]秦芬,严建援. 如何利用微信订阅号建立信任:基于信任转移[J]. 企业经济,2020(3):90－97.

[181]清博智能 http://www.gsdata.cn.

[182]邱皓政. 结构方程模型的原理与应用[M]. 北京:中国轻工业出版社,2009.

[183]邱俊杰,李承政. 人口年龄结构、性别结构与居民消费——基于省际动态面板数据的实证研究[J]. 中国人口·资源与环境,2014,24(2):125－131.

[184]裘晓东,赵平. 品牌忠诚度及其测评研究[J]. 现代财经－天津财经学院学报,2002(10):8－10.

[185]阙娜. 新媒体环境下品牌传播的新理念[J]. 青年记者,2014(3):82－83.

[186]任学宾. 信息传播中内容分析的三种抽样方法[J]. 图书情报知识,1999(3):29－30.

[187]任重. 浅析微信公众号在新闻传播中的应用[J]. 新闻研究导刊,2016,6(006):294－294.

[188]睿彦. 品牌商重启社交梦[J]. 中国制衣,2015(9):12－17.

[189]邵培仁. 论人类传播史上的五次革命[J]. 中国广播电视学刊,1996(7):5－8.

[190]邵文利. 《左传·宣公十二年》旧注商兑[J]. 山东大学学报(哲学社会科学版),2000(6):30－34.

[191]沈占波. 品牌竞争力的理论基础分析[J]. 商业研究,2005(22):46－48.

[192]沈正赋. 新媒体时代新闻舆论传播力、引导力、影响力和公信力的重构[J]. 现代传播(中国传媒大学学报),2016(5):1－7.

[193]生奇志,高森宇. 中国微博意见领袖:特征、类型与发展趋势[J]. 东北大

学学报(社会科学版),2013,15(004):381—385.

[194]盛慧敏.品牌社区对消费者品牌忠诚的作用机制研究[D].华中科技大学,2010.

[195]施思.集成家居品牌构建研究[D].湖北工业大学,2013.

[196]石玉梅,姚逢昌,甘利灯.多渠道数据融合及其应用[J].石油物探,2003(1):22—24+28.

[197]史晨.社交媒体语境下的人格化传播策略研究[J].新媒体研究,2019,5(6):20—22.

[198]舒咏平.品牌传播:新媒体环境下广告内涵演进的取向[J].中国广告,2009(10):102—106.

[199]数据驱动新媒体营销官网 https://www.kolrank.com.

[200]宋琳.论微信营销对品牌建设的意义[D].苏州大学,2015.

[201]宋全成.论自媒体的特征、挑战及其综合管制问题[J].南京社会科学,2015,000(003):112—120.

[202]宋新宇.让管理回归简单:升级版[M].北京:电子工业出版社,2012.

[203]孙天旭.内容营销对消费者购买意愿的影响研究[D].哈尔滨工业大学,2016.

[204]孙在国.品牌核心价值的特征及其规划方法[J].商场现代化,2006,000(10S):211—211.

[205]孙曌闻.社交媒体环境中粉丝社群的传播规范与认同实践[J].新媒体研究,2019.

[206]汤丽萍.新媒体环境下品牌传播的态势[J].中国青年社会科学,2015,34(2):121—124.

[207]汤姆·彼得斯.个人品牌50种方法,把自己从"职员"打造成"品牌人"[M].李英华,译.上海:上海人民出版社,2004.

[208]唐晶晶.移动社交网络中社会资本、知识共享、个体创新行为的关系研究[D].北京邮电大学,2015.

[209]田志友,周元敏,田雨.微信小程序的媒体价值[J].新媒体研究,2018,004(001):47—49.

[210]托尔曼.动物和人的目的性行为[M].北京:北京大学出版社,2010.

[211]汪涛,谢志鹏,周玲,等.品牌＝人？——品牌拟人化的扎根研究[J].营销科学学报,2014,10(1):1—20.

[212]汪中波.提升传统零售商线上延伸绩效的营销策略研究[D].东北财经大学,2012.

[213]王冲.多渠道融合对消费者重复购买意愿的影响研究[D].南京大学,2015.

[214]王加红.基于中国社交媒体平台的品牌传播研究[D].浙江大学,2015.

[215]王军.品牌可靠性对品牌忠诚度的影响:一个有调节的中介研究[J].消费经济,2016,32(2):70—74.

[216]王立智.知识付费平台樊登读书传播策略研究[D].长春工业大学,2020.

[217]王梦珠.高校官方微博影响力评价与比较实证研究[J].新闻研究导刊,2020,11(4):235+256.

[218]王明浩,翟毅,李小羽,等.塑造城市品牌 提升城市核心竞争力[J].城市,2006,000(001):6—9.

[219]王南湜.哲学的分化:公域哲学与私域哲学[J].江海学刊,2000,000(001):81—84.

[220]王齐国.北京大学研究生品牌教程《品牌学》之六品牌十大要素之规划[J].中国品牌,2009(6):66—70.

[221]王瞿建.社会化内容生产者参与动机的研究[J].东南传播,2015,000(004):11—13.

[222]王爽,余明阳,薛可.社会化媒介对品牌资产的影响——基于品牌成熟度的调节效应[J].财经论丛,2014(4):86—90.

[223]王松涛.探索性因子分析与验证性因子分析比较研究[J].兰州学刊,2006(5):155—156.

[224]王晰巍,张柳,韦雅楠,等.社交网络舆情中意见领袖主题图谱构建及关系路径研究——基于网络谣言话题的分析[J].情报资料工作,2020,41(2):47—55.

[225]王肖会.感知产品创新对消费者购买意愿影响的研究[D].天津商业大学,2020.

[226]王小立.智能多 Agent 网络的微信信息传播仿真研究[J].现代图书情报技术,2015,31(6):85—92.

[227]王小璐,缪颖.从自我呈现到自我认同:网络化个人主义时代的社会化路径[J].中国青年研究,2018(1):91—98.

[228]王晓桦."使用与满足"理论视角下微信用户"点赞"行为研究[D].渤海大学,2019.

[229]王晓武,徐伟,朱振中.基于移动社交媒体的企业虚拟品牌社区价值共创引导机制研究[J].浙江工商大学学报,2019(2):66—77.

[230]王晓宇,郑亚琴.社会化商业情境下UGC对品牌态度的影响述评[J].郑州航空工业管理学院学报,2014,32(3):78—81.

[231]王晓宇.微博情境下意见领袖对企业品牌的影响力研究[D].安徽财经大学,2015.

[232]王新新,万文海.消费领域共创价值的机理及对品牌忠诚的作用研究[J].管理科学,2012,25(5):52—65.

[233]王新新,薛海波.品牌社群社会资本、价值感知与品牌忠诚[J].管理科学,2010,23(6):53—63.

[234]王延峰,杨珊珊,余明阳.基于品牌营销视角的品牌定义和品牌特征再认识[J].上海管理科学,2008(4):29—32.

[235]王阳,张攀.个体化存在与圈群化生活:青年群体的网络社交与圈群现象研究[J].中国青年研究,2018(2):83—88.

[236]王玉恒.析交往活动的多重关系[J].哲学研究,1993(4):29—35+44.

[237]卫海英,杨国亮,刘映川.三维互动行为对服务品牌关系的影响分析[J].预测,2010(3):14—20.

[238]卫军英.整合营销传播中的观念变革[J].浙江大学学报(人文社会科学版),2006,36(001):150—157.

[239]魏加晓.社交媒体时代品牌忠诚度维系策略研究[J].东南传播,2019(5):129—131.

[240]魏如清,唐方成.用户生成内容对在线购物的社会影响机制——基于社会化电商的实证分析[J].华东经济管理,2016,30(4):124—131.

[241]温忠麟,侯杰泰,张雷.调节效应与中介效应的比较和应用[J].心理学报,2005(2).

[242]温忠麟,张雷,侯杰泰,等.中介效应检验程序及其应用[J].心理学报,

2004.

[243]温忠麟，张雷，侯杰泰.有中介的调节变量和有调节的中介变量[J].心理学报，2006,38(3):448－452.

[244]文静怡.品牌拟人化对品牌权益的影响研究[D].东北财经大学,2015.

[245]吴超,饶佳艺,乔晗,等.基于社群经济的自媒体商业模式创新——"罗辑思维"案例[J].管理评论,2017,29(4):255－263.

[246]吴帆.影响力价值回报——品牌数字化传播效果评估研究[J].广告大观(理论版),2019(3):4－11.

[247]吴锦池,余维杰.基于社会网络分析的政务微博影响力研究[J/OL].情报科学:1－8[2021－02－04].http://kns.cnki.net/kcms/detail/22.1264.G2.20200728.1534.012.html.

[248]吴满意,胡树祥.《德意志意识形态》中的交往内涵与当今网络交往本质[J].思想教育研究,2009(6):25－29.

[249]吴媚.西南交通大学微传播影响研究[D].西南交通大学,2015.

[250]吴明隆,涂金堂.SPSS与统计应用分析[M].辽宁:东北财经大学出版社,2012.

[251]吴明隆.结构方程模型:AMOS的操作与应用[M].重庆:重庆大学出版社,2010.

[252]吴水龙,高莹,袁永娜,等.微博内容与品牌个性匹配程度对品牌评价的影响——概念流畅度的中介效应和微博互动策略的调节效应[J].北京理工大学学报(社会科学版),2019,21(2):87－96.

[253]吴相利,黄菁丹.基于顾客感知的服务企业品牌影响力评价研究[J].黑龙江对外经贸,2010(5):48－50.

[254]吴英女,沈阳,周琴.微博意见领袖网络行为——"净网"前后的数据分析[J].新闻记者,2014,000(001):29－35.

[255]吴中堂,刘建徽,唐振华.微信公众号信息传播的影响因素研究[J].情报杂志,2015(4):122－126.

[256]武迎春.品牌体验对品牌忠诚影响的实证研究[D].西南大学,2009.

[257]萧志怡,苏三妹.董事会成员特征对品牌价值的影响及其递延效果研究——以中国上市公司为例[J].经营与管理,2021(2):15－20.

[258]辛文娟,赖涵,陈晓丽.大学生社交网络中印象管理的动机和策略——以微信朋友圈为例[J]. 情报杂志,2016,35(3):190－194.

[259]新榜官网 https://www. newrank. cn.

[260]熊爱华,韩召,张涵. 消费者的农产品品牌认知与情感对品牌忠诚度的影响研究[J].山东财经大学学报,2019,31(1):62－72.

[261]熊国钺,沈菁.交易型虚拟社区用户持续信任影响机制研究——网络口碑特性和虚拟社区感知的作用[J]. 经济与管理,2019,33,270(5):67－73.

[262]熊尚鹏,严蔷薇,邱家明. 人口、空间与商贸流通产业相互影响效应的实证测度[J]. 商业经济研究,2019,785(22):188－190.

[263]熊艳,郭锐,张煜.品牌似人视角下品牌自信的结构与测量[J].中国地质大学学报(社会科学版),2019,19(3):150－161.

[264]徐浩然. 个人品牌:学会自我经营的生存法则[M]. 北京:机械工业出版社,2007.

[265]徐永康,华东政法大学法律史研究中心. 公域与私域:两种不同的进路——对传统法文化现代价值的思考[C]// 中国儒学与法律文化研究会,2012.

[266]许颖丽. IP 爆发开启新营销时代[J]. 上海信息化,2016(9):48－51.

[267]薛可,余明阳. 人际传播学[M]. 上海:上海人民出版社,2012.

[268]薛云建,董向东. 品牌拟人化与消费者品牌忠诚关系分析——基于中介调节模型[J]. 商业经济研究,2018,750(11):86－89.

[269]鄢庆涛. 微博营销绩效评价指标体系构建研究[D].江西财经大学,2015.

[270]颜翠翠. 消费体验与品牌忠诚关系研究——以大型购物中心为例[D]. 东北大学,2008.

[271]阳简. 蔻驰品牌忠诚度的提升研究[D].东华大学,2020.

[272]阳志平.网络亲密关系的特征与相关的理论解释[J]. 社会心理研究,2001(4):42－48.

[273]杨丹琪,程丹. 在社交媒体下手机应用软件个性塑造模式研究[J]. 电脑知识与技术,2020.

[274]杨德锋,马颖杰,马宝龙. 社会互动、代际文化价值观传递与品牌体验的形成——基于"美国女孩"的案例研究[J].管理评论,2014,26(3):70－80.

[275]杨飞(NSAVYIMANA Euphrem). 中国手机品牌形象对布隆迪大学生购

买行为的影响研究[D].辽宁大学,2020.

[276]杨桂菊,侯丽敏,柏桦,等.老字号品牌知名度、形象与支持:资产还是包袱?——基于品牌资产的顾客忠诚度研究[J].经济与管理研究,2015,36(5):138—144.

[277]杨海娟.微信环境下用户适应性信息分享行为影响因素研究——基于规范性压力和社交价值的"推—拉"视角[J].情报科学,2017,35(008):134—140.

[278]杨静.品牌的自媒体传播研究[D].上海师范大学,2012.

[279]杨奎臣,胡鹏辉.社会公平感、主观幸福感与亲环境行为——基于CGSS2013的机制分析[J].干旱区资源与环境,2018,32(2):15—22.

[280]杨宁.虚拟品牌社群中存在消费者公民行为吗?——基于社会网络的研究视角[J].吉林工商学院学报,2018,34,147(2):47—53.

[281]杨善林,王佳佳,代宝,等.在线社交网络用户行为研究现状与展望[J].中国科学院院刊,2015,30(2):200—215.

[282]杨晓梅.多渠道传播场景下创意整合营销的思考与实践[J].声屏世界·广告人,2019(1):106—107.

[283]杨笑杨.品牌社区关系与网购消费者购买意向相关性分析[J].商业经济研究,2021(1):94—97.

[284]杨震,李刚健.不止于大,谈中国品牌的进化之路[J].商学院,2018(5):37—37.

[285]姚茜,卜彦芳.基于影响力研究的微博营销模式探析[J].经济问题探索,2011(12):117—121.

[286]姚延波,张翠娟,黄晶.家庭代际支持对老年人旅游消费意愿的影响——心理资本的中介作用[J].未来与发展,2020,44(12):55—62.

[287]叶晶.虚拟品牌社群体验对用户品牌忠诚的影响研究[D].江西师范大学,2020.

[288]尹世民,牛永革,李蔚.微信公众号:品牌"粉丝"的类型和特征——基于自我表现品牌、品牌忠诚、品牌热爱和品牌口碑的聚类分析[J].当代财经,2016(8):67—76.

[289]殷晓蓉.美国传播学受众研究的一个重要转折——关于"使用与满足说"的深层探讨[J].中州学刊,1999(5).

[290]尤薇佳,李红,刘鲁.突发事件 Web 信息传播渠道信任比较研究[J].管理科学学报,2014,17(2):19－33.

[291]于伯然.如何提高电商流量的转化率[J].市场观察,2011(10):44－45.

[292]于春玲,郑晓明,孙燕军,等.品牌信任结构维度的探索性研究[J].南开管理评论,2004(2)：35－40.

[293]于洪卫,王东强.基于扎根理论的高校校园文化活动创新驱动机理研究[J].湖北社会科学,2012,000(002):187－190.

[294]于建嵘.自媒体时代公众参与的困境与破解路径——以 2012 年重大群体性事件为例[J].上海大学学报(社会科学版),2013,30(4):1－8.

[295]余建英.数据统计分析与 SPSS 应用[M].北京:人民邮电出版社,2003.

[296]余来辉,王乐.媒介使用与女性公共事务参与:性别角色观念和公民参与意识的中介作用[J].山东女子学院学报,2021(1):63－74.

[297]余明阳,舒咏平.论"品牌传播"[J].国际新闻界,2002(3):63－68.

[298]余眺.微博营销对用户行为意愿的影响研究[D].东华大学,2013.

[299]俞敏,刘德生.全媒体时代提升科技期刊品牌影响力策略研究[J].中国科技期刊研究,2016,27(12):1328－1333.

[300]俞轶楠.微博用户个人特征、动机、行为和微博吸引力关系的研究[D].清华大学,2012.

[301]禹建强,李艳芳.对微博信息流中意见领袖的实证分析:以"厦门 BRT 公交爆炸案"为个案[J].国际新闻界,2014,36(3):23－36.

[302]禹卫华,廖佩伊.社交媒体"刷屏"现象:从社群共振到影响因素[J].现代视听,2019,000(011):42－47.

[303]喻国民.全民 DIY:第三代网络盈利模式[J].新闻与传播(人大复印报刊资料),2006,(2).

[304]喻国明.媒介品牌形象及影响力指数的设计与分析[J].新闻前哨,2011(6):8－11.

[305]袁登华,罗嗣明,李游.品牌信任结构及其测量研究[J].心理学探新,2007(3):81－86.

[306]臧丽娜,李明亮.基于大数据研究的品牌传播新方法[J].中国广播电视学刊,2015(9):38－41.

[307]翟学伟.中国人际关系的特质——本土的概念及其模式[J].社会学研究，1993(4):74－83.

[308]詹恂,严星.微信用户持续使用意向影响因素及使用与满足研究[J].现代传播(中国传媒大学学报),2014,36(11):130－134.

[309]詹宇昆.论用户创造内容(UGC)侵权[D].北京邮电大学,2010.

[310]张彬.对"自媒体"的概念界定及思考[J].今传媒,2008(8):76－77.

[311]张超,徐燕,陈平雁.探索性因子分析与验证性因子分析在量表研究中的比较与应用[J].南方医科大学学报,2007(11):1699－1700＋1705.

[312]张宏,李杰.复杂网络的微信网络信息传播研究[J].科学技术与工程,2014(7):244－247.

[313]张会龙,李桂华,张宇东,等.中国跨国公司如何利用国际社交媒体提升品牌绩效——基于天士力的 Facebook 营销案例分析[J].珞珈管理评论,2019(2):156－172.

[314]张继周.社会化媒体语境下的品牌文化传播策略研究[J].钦州学院学报,2014,29(1):97－100.

[315]张建松."公私域"视野下的微信传播属性[J].青年记者,2017,(32):4－5.

[316]张凯.UGC 移动短视频社交平台青少年用户使用动机与行为研究[D].河北大学,2019.

[317]张琳.新媒体环境下的品牌传播研究[D].重庆工商大学,2010.

[318]张弥弭.基于网络自媒体平台的品牌传播模式研究[D].厦门大学,2014.

[319]张勤耘.媒介品牌竞争力探析[J].新闻前哨,2002,6:12－14.

[320]张桃.微信公众号价值评估体系研究[J].视听,2017,000(003):101－102.

[321]张卫斌.移动互联网中的 UGC 业务研究[D].北京邮电大学,2008.

[322]张潇潇.互联网＋视域下的"体育小镇"构建研究[J].南京体育学院学报(社会科学版),2017,31(4):18－22.

[323]张寅,邹伯涵,傅安琪.记忆、共鸣与认同:融合传播背景下大型电视纪录片的创作路径[J].当代电视,2020(3):97－99.

[324]张瑜.移动互联网时代微信传播与新型人际传播模式探究[J].新闻知识,

2014(2):21—23.

[325]张赟,朱传进,刘欣慧.互联网银行品牌信任及客户使用意向影响因素研究[J].商业研究,2019(3):1—10.

[326]张正.自媒体时代云南省级主流媒体舆论引导力的重塑[J].新媒体研究,2019,5(20):109—110.

[327]赵安琪,张鹏洲.基于社交媒体的电影网络传播影响力分析——以新浪微博为例[J].现代电影技术,2019(9):10—17.

[328]赵春华.社交网络的时尚品牌传播——虚拟世界的"真实环境"构建[J].现代传播(中国传媒大学学报),2014,36(9):130—132.

[329]赵丽华,冯瑞珍.网络的二次传播作用——以新浪论坛的《士兵突击》为例[J].新闻爱好者:理论版,2008,000(003):5—6.

[330]赵石榴.虚拟品牌社区品牌拟人化对品牌认同的影响路径研究[D].武汉大学,2019.

[331]赵世勇,滕芝蕙.社会化创意下品牌社交资产实现路径研究[J].中外企业家,2020(8):77—78.

[332]郑磊.基于收视行为的电视节目多渠道融合制播平台设计与实现[J].广播与电视技术,2019,46(6):57—60.

[333]支庭荣.新媒体不是传统媒体的延伸——融合背景下"转型媒体"的跨界壁垒与策略选择[J].国际新闻界,2011(12):6—10.

[334]钟凯.网络消费者感知价值对购买意愿影响的研究[D].辽宁大学,2013.

[335]周鸿一.不要被成功企业的故事所迷惑[J].民营视界,2006,000(004):29.

[336]周俊.问卷数据分析——破解SPSS的六类分析思路[M].北京:电子工业出版社,2017.

[337]周睦怡.信任创造"社区意识"[J].中国发展简报,2013(1).

[338]周庆山.数字时代图书馆权益的保障与著作权法的完善[J].国家图书馆学刊,2004(4):61—66.

[339]周巍.数字媒体时代的意见领袖研究[D].复旦大学,2013.

[340]周伟.内容营销、顾客—品牌参与、品牌忠诚关系分析[J].商业经济研究,2020(11):77—81.

[341]周修亭,李晓晓.社交平台上社交商务行为的驱动因素实证研究[J].河南科技大学学报(社会科学版),2019,37(6):86—94.

[342]周延风,张婷,陈少娜.网红社交媒体传播及消费者情感倾向分析——以网红品牌"喜茶"为例[J].商业经济与管理,2018(4):70—80.

[343]周懿瑾,陈嘉卉.社会化媒体时代的内容营销:概念初探与研究展望[J].外国经济与管理,2013,35(6):61—72.

[344]周云,祝合良.基于品牌经营数据实证结果的美誉度和忠诚度的相关性研究[J].品牌研究,2017(1):4—9.

[345]周志民.品牌关系研究述评[J].外国经济与管理,2007,(4):46—54.

[346]朱丽娅,王锦堂,胡查平.社交媒体背景下品牌信息对消费者传播意愿的影响研究[J].宁夏社会科学,2020(1):97—105.

[347]朱翊敏,于洪彦.在线品牌社群顾客融入意愿研究:产品类型的调节[J].商业经济与管理,2017(12):49—59.

[348]朱月昌.拉斯韦尔模式与广告传播[J].厦门大学学报(哲学社会科学版),1995(2).

[349]邹德强,王高,赵平,等.功能性价值和象征性价值对品牌忠诚的影响:性别差异和品牌差异的调节作用[J].南开管理评论,2007(3):4—12+18.

[350]左辉.广告策略对提升承德露露品牌影响力的应用研究[J].商品与质量:消费研究,2014,000(002):60—61.

[351]Aaker D A. Measuring Brand Equity across Products and Markets[J]. *California Management Review*,*Berkeley*,1996,(3):102—120.

[352]Aaker,D A.,Keller Kevin Lane. Consumer evaluation of brand extensions [J]. *Journal of Marketing*,January,1990,(1):27—41.

[353]Alan, S, DickKunal, et al.. Customer loyalty: Toward an integrated conceptual framework[J]. *Journal of the Academy of Marketing Science*, 1994.

[354]Anderson J C, Gerbing D W. Predicting the Performance of Measures in a Confirmatory Factor Analysis With a Pretest Assessment of Their Substantive Validities [J]. *Journal of Applied Psychology*, 1991, 76(5):732—740.

[355]Anderson J C, Narus J A. A Model of Distributor Firm and Manufacturer Firm Working P[J]. *Journal of Marketing*, 1990, 54(1):42—58.

[356]Arnold Japutra,Sebastian Molinillo. Responsible and active brand personality: On the relationships with brand experience and key relationship constructs[J]. *Journal of Business Research*,2019,99.

[357]Aron Culotta, Jennifer Cutler. Mining Brand Perceptions from Twitter Social Networks[J]. *Marketing Science*, May-June 2016, 35(3):343—362.

[358]Ashley Carlson, Christopher Lee. Followership and social media marketing [J]. *Academy of Marketing Studies Journal*, 2015,19(1).

[359]Ldha B,Km C . Digital Content Marketing's Role in Fostering Consumer Engagement, Trust, and Value: Framework, Fundamental Propositions, and Implications[J]. *Journal of Interactive Marketing*, 2019, 45:27—41.

[360]Bagozzi R P , Yi Y , Phillips L W . Assessing Construct Validity in Organizational Research[J]. *Administrative Science Quarterly*, 1991, 36(3):421—458.

[361]Bcjou D , Ennew C T , Palmer A . Trust, ethics and relationship satisfaction[J]. *International Journal of Bank Marketing*, 1998, 16(4):170—175.

[362]Berger J , Schwartz E M . What Drives Immediate and Ongoing Word of Mouth? [J]. *Journal of Marketing Research*, 2011, 48(5):869—880.

[363]Bergh, V. , Bruce, G. , Lee, Mira, et al. . The multidimensional nature and brand impact of user—generated ad parodies in social media[J]. *International Journal of Advertising*,2011.

[364]Bowman S , Willis C . The Future Is Here, but Do News Media Companies See It? "Traditional News Media Are Not Yet Willing to Adopt the Principals of the Environment in Which They Find Themselves"[J]. *Nieman Reports*, 2005(December).

[365]Burt R S. *Structural holes : The social structure of competition*[M]. Harvard University Press,1992.

[366]Camerer C F . Prospect Theory in the Wild: Evidence From the Field [J]. *Working Papers*, 1998, 25(2):89—90.

[367]Cannon J P , Doney P M , Mullen M R , et al. . Building long-term orientation in buyer-supplier relationships: The moderating role of culture[J]. *Journal of*

Operations Management，2010，28(6):506—521.

[368]Carvalho L ，Azar S,Machado J C . Bridging the gap between brand gender and brand loyalty on social media: exploring the mediating effects[J]. *Post-Print*，2020.

[369]Chang Ya Ping,Dong Hong Zhu. The role of perceived social capital and flow experience in building users' continuance intention to social networking sites in China[J]. *Computers in Human Behavior*,2012,28(3).

[370]Chen Y，Wang Q ，Xie J . Online Social Interactions: A Natural Experiment on Word of Mouth Versus Observational Learning[J]. *Journal of Marketing Research*，2011，48(2):238—254.

[371]Cheung, Christy, Lee, et al. . Self-disclosure in social networking sites [J]. *Internet Research*，2015.

[372]Christian Schulze,Lisa Scholer,Bernd Skiera. Not All Fun and Games: Viral Marketing for Utilitarian Products"[J]. *Journal of Marketing*,January 2014, 78: 1—19.

[373]Cole C A ，Balasubramanian S K . Age Differences in Consumers' Search for Information: Public Policy Implications[J]. *Joural of Consumer Research*，1993.

[374]Datta P R ，Chowdhury D N ，Chakraborty B R . Viral marketing: New form of word-of-mouth through internet[J]. *Business review (Federal Reserve Bank of Philadelphia)*，2005，3(2):69—75.

[375]Definitions AMACO ，Alexander R S. *Marketing definitions : a glossary of marketing terms*[M]. American Marketing Association，c1963，1960.

[376]Dodhia，R. M. A Review of Applied Multiple Regression/Correlation Analysis for the Behavioral Sciences (3rd ed.)[J]. *Journal of Educational and Behavioral Statistics*，2005，30(2):227—229.

[377]Doohwang, Lee, and, et al. . The role of self-construal in consumers' electronic word of mouth (eWOM) in social networking sites: A social cognitive approach[J]. *Computers in Human Behavior*，2012，28(3):1054—1062.

[378]Erdem Tülin, & Swait, J. . Brand equity as a signaling phenomenon [J]. *Journal of Consumer Psychology*，1998,7(2): 131—157.

[379]Fournier S M. Consumer and their brands: Developing relationship theory in consumer research[J]. *Journal of Consumer Research*, 1998,(24): 343—373.

[380]Ganesan S. Determinants of Long-Term Orientation in Buyer-Seller Relationships[J]. *Journal of Marketing*, 1994, 58(2):1—19.

[381]Garbarino E, Johnson M S. The Different Roles of Satisfaction, Trust, and Commitment in Customer Relationships[J]. *Journal of Marketing*, 1999, 63 (2):70—87.

[382]Gaur A,Arora N. Effect of Age and Gender on Brand Loyalty and Customer Satisfaction-A Study of Mobile Phone User[J]. *Sies Journal of Management*, 2014.

[383]Gillmor D. We the media: The rise of citizen journalists[J]. *National Civic Review*, 2004, 93(3):58—63.

[384]Gillmor D. *We the Media: Grassroots Journalism By the People, For the People*[M]. O'Reilly Media, Inc. 2006.

[385]Glaser B, Strauss A L. The Discovery of Grounded Theory: Strategy for Qualitative Research[J]. *Nursing Research*, 1968, 17(4):377—380.

[386]Gounaris S, Stathakopoulos V. Antecedents and consequences of brand loyalty: An empirical study[J]. *Journal of Brand Management*, 2004, 11(4):283—306.

[387]Graham, M. W, Government communication in the digital age: social media's effect on local government public relations[J]. *Public Relations Inquiry*, 2014,3(3): 361—376.

[388]Granovetter M, Swedberg R, Polanyi K, et al.. The Sociology of Economic Life[J]. *American Journal of Sociology*, 1993, 31(2):170.

[389]Greco L D, Walop W. Questionnaire development: 5. The pretest[J]. *CMAJ*, 1987, 136(10):1025—1026.

[390]Ha H Y, Perks H. Effects of consumer perceptions of brand experience on the web: Brand familiarity, satisfaction and brand trust[J]. *Journal of Consumer Behaviour*, 2010, 4(6):438—452.

[391]Handley Ann. *Content rules: How to create killler blogs, podcasts, vide-*

os ,ebooks， webinars （and more） that engage customers and ignite your business [M]. New Jersey: John Wiley and Sons,2010.

[392]Hayes A F , Matthes J . Computational procedures for probing interactions in OLS and logistic regression: SPSS and SAS implementations [J]. *Behavior Research Methods* , 2009, 41(3):924－936

[393]Hoffman D L , Novak T P , Chatterjee P . Commercial Scenarios for the Web: Opportunities and Challenges[J]. *Journal of Computer-Mediated Communication* , 1995.

[394]Holbrook C M B . The Chain of Effects from Brand Trust and Brand Affect to Brand Performance: The Role of Brand Loyalty[J]. *Journal of Marketing* , 2001, 65(2):81－93.

[395]Holste J S , Fields D . The Relationship of Affect and Cognition Based Trust With Sharing and Use of Tacit Knowledge. [C]// *Academy of Management Meeting* , 2005.

[396] Hu, Xu, Hong, Gal, Sinha, Akkiraju. Generating Business Intelligence Through Social Media Analytics: Measuring Brand Personality with Consumer, Employee, and Firm-Generated Content [J]. *Routledge* ,2019,36(3).

[397]Hundley J E . The U. S. Hispanic Market: An Overview[J]. *Consumer Economics* , 1987:22.

[398]Ives N. Custom publishing gets a makeover[J]. *Advertising Age* ,2008,79 (4):10－10.

[399]Jalkanen J. Does brand origin influence consumer-based brand equity? A study of finnish consumers' perceptions of premium cars, Master thesis, Espoo: Aalto University,2012.

[400]Jung Ah Lee, Matthew S. Eastin. I like what she's :Endorsing: The Impact of Female Social Media Influencers' Perceived Sincerity, Consumer Envy, and Product Type[J]. *Journal of Interactive Advertising* ,2020,20(1).

[401]Kamboj S, Rahman Z . The influence of user participation in social media-based brand communities on brand loyalty: age and gender as moderators[J]. *Journal of Brand Management* , 2016, 23(6):1－22.

[402]Katz E,Blumler. J. G, Gurevitch M. Uses and Gratifications Research [J]. *Public Opinion Quarterly*,1973,37(4):509—523.

[403]Keith Wilcox, Andrew T. Stephen. Are Close Friends the Enemy? Online Social Networks, Self - Esteem, and Self - Control [J], *Journal of Consumer Research*, Inc. June 2013,(40).

[404]Keller K. L. Building Customer-based Brand Equity[J]. *Marketing management*, July/August 2001:15—19.

[405]Keller K. L. Conceptualizing, Measuring, and Managing Customer-Based Brand Equity[J]. *Journal of Marketing* ,1993,(1):1—22.

[406]Keller K. L. , Aaker. A. The Effects of Sequential Introduction of Brand Extensions[J]. *Journal of Marketing Research*,1992,(1):35—60.

[407]Kellogg D L,et al.. On the relationship between customers participation and satisfaction: Two frameworks [J]. *International Journal of Service Industry Management*,1997,8(3):206—219.

[408]Kelly Hewett, William Rand, Roland T. Rust, &. Harald J. van Heerde. Brand Buzz in the Echoverse[J], *Journal of Marketing* ,May 2016,80:1—24.

[409]Kim E , Lee B . e-CRM and Digitization of Word of Mouth[J]. *Management Science & Financial Engineering*, 2005, 11(3):47—60.

[410]Kotler P . Marketing Management: Analysis, Planning, and Control[J]. *Journal of Marketing*, 1967, 37(1).

[411]Koufaris M , Hampton-Sosa W . The development of initial trust in an online company by new customers [J]. *Information & Management*, 2004, 41(3):377 —397.

[412]Kozinets, Robert V . The field behind the screen: Using netnography for marketing research in online communities [J]. *Journal of Marketing Research (JMR)*, 2002, 39(1):61—72.

[413]Lamberton C. , Stephen A T. A thematic Exploration of Digital, Social Media, and Mobile Marketing: Research Evolution from 2000 to 2015 and an Agenda for Future Inquiry[J]. *Journal of Marketing*, 2016, 80(6): 146—172.

[414]Lapierre J , Filiatrault P , Chebat J C . Value Strategy Rather Than Quali-

ty Strategy: A Case of Business-to-Business Professional Services[J]. *Journal of Business Research*, 1999, 45.

[415]Lau G T, Lee S H. Consumers' Trust in a Brand and the Link to Brand Loyalty[J]. *Journal of Market-Focused Management*, 1999, 4(4):341—370.

[416]Lau G T, Lee S H. Consumers' Trust in a Brand and the Link to Brand Loyalty[J]. *Journal of Market-Focused Management*, 1999, 4(4):341—370.

[417]Lewis P V. Defining 'business ethics': Like nailing jello to a wall[J]. *Journal of Business Ethics*, 1985.

[418]Lieb R. What is content marketing? [J]. *Advertising Age*, 2012, 83(9):65 —65.

[419]Lieb R. *Content marketing: Think like a publisher-How to use content to market online and in social media*[M]. Upper Saddle River, NJ: Pearson Education, 2011.

[420]Liu, Huang, Liang. Does Brand Personification Matter in Consuming Tourism Real Estate Products? A Perspective on Brand Personality, Self-congruity and Brand Loyalty[J]. *Routledge*, 2019, 15(4).

[421]Liye Ma, Baohong Sun, Sunder Kekre. The Squeaky Wheel Gets the Grease-An Empirical Analysis of Customer Voice and Firm Intervention on Twitter [J]. *Marketing Science*, September-October 2015, 34(5):627—645.

[422]Longwell G J. Managing Brand Equity: Capitalizing on the Value of a Brand Name[J]. *Journal of Business Research*, 1994.

[423]Lorenz L. Content marketing-The what, why and how[J]. *Hudson Valley Business Journal*, 2022, 22(29):20.

[424]Lorenzo Frangi, Tingting Zhang, Robert Hebdon. Tweeting and Retweeting for Fight for $15: Unions as Dinosaur Opinion Leaders? [J]. *British Journal of Industrial Relations*, 2020, 58(2).

[425]Lowe R, Eves F, Carroll D. The Influence of Affective and Instrumental Beliefs on Exercise Intentions and Behavior: A Longitudinal Analysis[J]. *Journal of Applied Social Psychology*, 2002.

[426]Lukas Zenk, Christoph Stadtfeld, Florian Windhager. How to analyze dy-

namic network patterns of high performing teams [J]. *Procedia- Social and Behavioral Sciences*,2010,2(4).

[427]Lumsdaine A A . Communication and persuasion[J]. *Psychological Bulletin*, 1954, 51(2):438—439.

[428]Mark, E, J, et al.. Finding and evaluating community structure in networks [J]. *Physical Review E*, 2004.

[429]Maslow A H . A Theory of Human Motivation [J]. *Psychological Review*, 1943, 50:370.

[430]Mcalexander J H , Schouten J W , Koenig H F . Building Brand Community [J]. *Journal of Marketing*, 2002, 66(1):38—54.

[431]Mcnally D , Speak K D . *Be Your Own Brand: A Breakthrough Formula for Standing Out from the Crowd*[M]. Berrett—Koehler Publishers, 2003.

[432]Michael Trusov, William Rand, Yogesh V. Joshi, Improving Prelaunch Diffusion Forecasts: Using Synthetic Networks as Simulated Priors[J]. *Journal of Marketing Research*, December 2013,675(1):675—676.

[433]Milgram S . The Small World Problem[J]. *Psychology Today*, 1967, 2(1).

[434]Mojtaba Rezvani, Weifa Liang, Wenzheng Xu, et al.. Identifying Top-k Structural Hole Spanners in Large-Scale Social Networks[P]. *Conference on Information and Knowledge Management*,2015.

[435]Morgan R M , Hunt S D . The Commitment—Trust Theory of Relationship Marketing[J]. *Journal of Marketing*, 1994, 58(3):20—38.

[436]Nurhasanah,Mahliza Febrina,Nugroho Lucky,et al.. The Effect of E—WOM, Brand Trust, and Brand Ambassador on Purchase Decisions at Tokopedia Online Shopping Site[J]. *IOP Conference Series: Materials Science and Engineering*, 2021,1071(1).

[437]Pallant J . *The SPSS Survival Manual*[M]. New York:Mcgraw-Hill, 2013.

[438]Paola, Barbara, Floreddu, et al.. Social media communication strategies [J]. *Journal of Services Marketing*, 2016.

[439]Pavlou P A . Institution-based trust in interorganizational exchange relationships: the role of online B2B marketplaces on trust formation[J]. *Journal of Strategic Information Systems*, 2002, 11(3—4):215—243.

[440]Plessis C D . Towards more universal understanding of content marketing: the contribution of academic research. [C]//*6th Business & Management Conference*, Geneva,2017.

[441]Pulizzi J and Barrett N. Get content get customers: Turn prospects into buyers with content marketing[M]. New York:McGraw-Hill,2009.

[442]Pulizzi J,et al. . B2B content marketing: 2012 benchmarks, budgets and trends[R]. *Content Marketing Institute&Marketing Profs*,2012.

[443]Pulizzi J. Content marketing has arrived. Should publishers be worried? [J]. *Folio:The Magazine for Magazine Management*,2011,40(10):43.

[444]Puzakovam, Kwakh, Rocereto J F. Pushing the envelope of brand and personality:antecedents and moderators of anthropomorphized brands[J]. *Advances in Consumer Research*,2009,36:413—420.

[445]Ratchford, B. T. The economics of consumer knowledge [J]. *Journal of Consumer Research*,2001(4):397—411.

[446]Rickman T A , Cosenza R M . The changing digital dynamics of multi-channel marketing: The feasibility of the weblog: text mining approach for fast fashion trending[J]. *Journal of Fashion Marketing & Management*, 2007, 11(4):604—621.

[447]Robert A. Stebbins. Book Review: Constructing grounded theory: a practical guide through qualitative analysis[J]. *Health*,2006,10(3).

[448]Rose R. Managing Content Marketing: The Real-World Guide for Creating Passionate Subscribers to Your Brand[OL]. *Sirirajmedj Com*,2013,2(1):3—19.

[449]Ross C , Orr E S , Sisic M , et al. . Personality and motivations associated with Facebook use[J]. *Computers in Human Behavior*, 2009, 25(2):578—586.

[450]Rousseau D M . Why workers still identify with organizations [J]. *Journal of Organizational Behavior*, 1998, 19(3):217—233.

[451]Schouten J W . Selves in Transition: Symbolic Consumption in Personal

Rites of Passage and Identity Reconstruction[J]. *Journal of Consumer Research*, 1991(4):412—425.

[452]Sheehan, Kim, Bartel, et al. . The Creativity Challenge: Media Confluence and Its Effects on the Evolving Advertising Industry[J]. *Journal of Interactive Advertising*, 2009.

[453]Shocker A D , Srivastava R K , Ruekert R W . Challenges and Opportunities Facing Brand Management: An Introduction to the Special Issue [J]. *Journal of Marketing Research*, 1994, 31(2):149—158.

[454]Sitkin S B , Roth N L . Explaining the Limited Effectiveness of Legalistic "Remedies" for Trust/Distrust [J]. *Organization Science*, 1993, 4(3):367—392.

[455]Spekman R E . Strategic supplier selection: Understanding long-term buyer relationships[J]. *Business Horizons*, 1988, 31(4):75—81.

[456]Taleghani M , Jourshari M T . Assessment of Gender Differences in Brand Loyalty of Sportswear Consumers (Case Study: A Sport Shops in the City of Rasht) [J]. *Journal of Basic and Applied Scientific Research*, 2012.

[457]Teerling M L , Pieterson W . Multichannel marketing: An experiment on guiding citizens to the electronic channels[J]. *Government Information Quarterly*, 2010, 27(1):98—107.

[458]Thorsten Hennig-Thurau & Caroline Wiertz & Fabian Feldhaus, Does Twitter matter? The impact of microblogging word of mouth on consumers' adoption of new movies[J], *Journal of Academy*, *Markeitng Science*, 2015,43:375—394.

[459]Underwood M K , Bjornstad G J . Children's emotional experience of peer provocation: The relation between observed behaviour and self-reports of emotions, expressions, and social goals [J]. *International Journal of Behavioural Development*, 2001.

[460]Urban G L. Qualls W J , Sultan F . Placing Trust at the Center of Your Internet Strategy[J]. *Mit Sloan Management Review*, 2000, 42(1).

[461] Vanden Bergh, Lee, Quilliam, Hove. The multidimensional nature and brand impact of user-generated ad parodies in social media[J]. *International Journal of Advertising*,2011,30(1).

[462]Villanueva, J. , Yoo, S. , & Hanssens, D. M. (2008). The impact of marketing—induced versus word-of mouth customer acquisition on customer equity growth [J]. *Journal of Marketing Research*, XLV, 48—59.

[463]Weigert L A . Trust as Social Reality[J]. *Social Forces*, 1985, 63(4): 967.

[464]Wilson E J , Sherrell D L . Source effects in communication and persuasion research: A meta—analysis of effect size[J]. *Journal of the Academy of Marketing Science*, 1993, 21(2):101—112.

[465]Woodside A G ,Sood S , Miller K E . When consumers and brands talk: Storytelling theory and research in psychology and marketing[J]. *Psychology & Marketing*, 2010, 25(2):97—145.

[466]Worchel S , Yohai S M L . The role of attribution in the experience of crowding[J]. *Journal of Experimental Social Psychology*, 1979, 15(1):91—104.

[467]Ya Ping Chang,Dong Hong Zhu. The role of perceived social capital and flow experience in building users' continuance intention to social networking sites in China[J]. *Computers in Human Behavior*,2012,28(3).

[468]Zwa B, Hl C, Wei L D , et al. . Understanding the power of opinion leaders' influence on the diffusion process of popular mobile games: Travel Frog on Sina Weibo[J]. *Computers in Human Behavior*, 109.

附录 A　微信公众号的品牌社交对其品牌
影响力的作用访谈提纲

1.你平时看微信公众号吗？

2.你关注哪些公众号，一般关注些什么内容，平时会有哪些互动？

3.你关注的公号都是流量"大 V"吗？还是小众的？为什么关注？

4.你有认识的公号运营者吗？有几个？哪一类的？

5.你觉得一个微信公众号能说是一个品牌吗？为什么？

6.如果一个微信公众号就是一个品牌，那么你觉得品牌之间有社交活动吗？（比如说互相推荐、互动交流、建立朋友圈之类）为什么？

7.你觉得微信公众号在哪个渠道传播更好，公共渠道（如微博、官网、官微）还是私域渠道（朋友圈、一对一转发或一对群转发）？

8.你更看好未来的哪个传播渠道？公域还是私域？为什么？

9.你觉得微信公众号有带货能力吗？你会在公号里的链接买东西吗？

10.公众号之间如果互相推荐，则你会关注被推荐的号吗？为什么？

11.公众号如果组织线下聚会，则你会去吗？为什么？

12.如果有别的公众号发文与你关注喜欢的公众号互掐，则你会选择支持你一直喜欢的公号吗？为什么？

13.如果品牌有社交行为，则你觉得微信公众号具体在哪几方面有社交活动？（比如内容转发、私域分享还是线下社群活动？）

14.如果你是公号运营者，那么你会怎么推广你的公号？如何扩大公号的影响力？

15.你觉得哪些方面的品牌社交会对微信公众号的品牌影响力产生作用？为什么？怎么产生？

附录表 A1   **参与扎根研究的访谈人员信息表**

序号	姓名	专业	职业
I1	盛*	营销专业博士	高校教师
I2	马*	营销专业博士	高校教师
I3	匡*	营销专业博士	高校教师
I4	曹*	营销专业硕士	自主创业者
I5	赵*	营销专业博士	博士生
I6	张*	营销专业博士	高校教师
I7	李*	营销专业博士	高校教师
I8	崔*	营销专业博士	博士生
I9	陈*	营销专业硕士	企业市场部
I10	陈*	管理学硕士	市场总监
I11	唐*	语言学硕士	企业经营者/公号运营者(机器人大王)
I12	孟*	医学硕士	外贸企业主
I13	亮*	管理学本科	公号运营者(亮妈育儿)
I14	戴*	新闻学本科	公号运营者(绵爸圆台面)
I15	艾*	文学本科	公号"大V"(我是艾小羊)
I16	罗*	国际贸易学博士	高校教师
I17	杨*	社会学博士	高校教师
I18	赵*	管理学博士	高校教师
I19	袁*	管理学博士	高校教师
I20	于*	管理学博士	高校教师
I21	朱*	管理学硕士	银行职员
I22	龚*	理学硕士	外贸从业者

附录表 A2 开放编码的概念化和范畴化

初始范畴	初始概念	原始词句
A1 内容有深度	a1 高质量内容	I4 如果不是卖货的,只是希望尽可能扩大影响力,那么肯定高质量内容最重要
		I8 关注的契机都是被内容质量吸引,一些小众公众号也是部分领域内的相对"大 V",例如,凌鹏的策略笔记,在大众定义中流量并不大,但是在投资圈内属于有影响力的内容输出者
	a2 有深度、有高度	I5 及时更新公众号内容,紧跟当前时事热点,尽可能推荐有价值的文章/资料等,做一个有深度、有高度的公众号
		I6 发布有深度的内容帖子
A2 内容专业	a3 专业性知识	I2 与经济方面相关的一些公众号,比如说一些财经类的新闻公众号等。如果我选择个人发布的信息公众号,一般情况下是因为我比较信任他的专业知识
		I5 主要就是学习专业性的知识,了解最前沿的研究
A3 信息权威	a4 信息权威	I2 另外就是关注一些权威的政府部门的公众号,比如说财政部、央行,还有就是统计局。这些公众号发布官网的一些信息比较权威
	a5 信息可信	I2 权威部门或者财经类媒体发布的信息比较可信
	a6 官方消息	I5 主要接收官方发布的一些消息
A4 内容丰富	a7 内容丰富	I5 内容更丰富
		I7 大信息的那种大众新闻,增加我的信息量
A5 内容有用	a8 本地相关	I2 我关注的公众号主要有本地相关的公众号,比如说我现在在杭州上班就会关注
	a9 职业相关	I2 因为有时一些与工作相关的事情会在公众号发布
		I7 他们发的文字,对我会有用吧
		I5 只会在用到的时候认真查看。关注它们主要是获取学习资料。这些公众号在国内算是比较有名的公众号,从中获得的资料比较有用
		I14 一般来说,对我来说比较实用。我知道我关注他之后,他的第二次推送的资讯,我是需要的
		I11 关注这些微信公众号的原因主要是为了了解世界前沿的科技动态,作为商业上的信息参考
		I12 去翻看一下对自己有需求的一些内容进行阅读

续表

初始范畴	初始概念	原始词句
	a10 学习经验教训	I5 鸡汤类文章比较多,从这些内容中主要是学习别人总结的经验教训等
	a11 接收观点	I5 算是接收一些别人的观点
		I18 一些信息发布的公众号是为了高效地获取信息
A6 内容及时	a12 紧跟热点	I5 及时更新公众号内容,紧跟当前时事热点,尽可能推荐有价值的文章/资料等,做一个有深度、有高度的公众号
	a13 更新及时	I6 信息内容比较好,更新及时
	a14 更新频率	I12 像我原先关注的一些订阅号的内容,基本上好多是每天更新的
		I15 你的公众号的持续运营,比较均衡的内容输出
A7 内容有趣	a15 娱乐性	I3 可能是娱乐好玩吧
		I5 娱乐会对微信公众号的品牌产生影响。我知道有些娱乐活动会在自己的微信公众号上不定期发布活动,比如硕士博士俱乐部这个公众号,有时候会组织上海一些高校之间的联谊活动,帮助单身男女生找对象等。还有些公众号发布跑步、登山等户外活动的信息,关注的人群有时会组织一些线下活动,这些人会有共同的兴趣爱好,这会促进他们对公众号的忠诚与关注度
		I7 要么是娱乐性质的,或者是给我推荐一些好用的、好玩的东西就比较有意思
		I10 在这里生活的态度,那么的小众,也是一些我认识的朋友。有时还是对对抗的话题感兴趣,所以关注他们
	a16 深刻而有趣	I17 深刻的见解啊,但是又用很诙谐的语言表达,比如说有六神磊磊呀
	a17 文字优美	I7 文字比较优美,我就喜欢看
	a18 言论更自由	I5 言论、观点等更自由
	a19 有自己的见解	I17 因为我觉得他们不是人云亦云,他们对一些新闻、现状有自己的见解

续表

初始范畴	初始概念	原始词句
A8 对内容感兴趣	a20 兴趣爱好	I1 主要和本人平时的兴趣爱好相结合
		I4 对相应领域感兴趣,看到一些文章内容写得好,朋友在朋友圈转发等就会关注。只有遇到自己感兴趣的内容才会看一看
		I5 通过朋友圈等私域渠道看到某些公众号的文章、信息等,如果感兴趣,就会主动关注
	a21 有意思	I6 看内容是否有意思
	a22 有强人设	I14 或者这个号有非常强的人设特点,那么我也会关注他
A9 流量"大 V"	a23 阅读量大	I2 比如《人民日报》旗下的侠客岛,它发的文章好像阅读量都挺大的
	a24 "大 V"做宣传	I5 找在与公众号关系比较紧密的"大 V"或者代言人(可以是教师等),让他们做宣传,比如,浙大周欣悦这个公众号,在我周围的营销圈里知名度挺高的
	a25 与"大 V"的互动交流	I5 有些微信公众号会推送"大 V"写的文章等,读者在文章后面留言,能够与这些"大 V"进行直接交流,也会促进公众号的影响力
		I8 "大 V"推荐或者转发了其他相关公众号的文章,会被引导关注
	a26 粉丝效应	I12 我主要认为还是私人的这些内容的转发或分享,尤其是一些"大 V 达人"的,我觉得主要是因为线上的东西人们有些看不见摸不着,更相信那些专业人士的观点,所以应该属于粉丝效应
		I13 给粉丝一个好的形象,会让他们信任他推荐的内容
	a27 舆情走势	I14 "大 V"一定程度上代表了舆情的走势,小众号基本就是个人趣味

初始范畴	初始概念	原始词句
A10 内容互动	a28 "大V"推荐	I5 大号对一些小号内容的转载推荐会扩大小号的影响力
	a29 赞助商活动	I12 一些赞助商的一种赞助活动,或者是一些"大V达人"全族的推广活动
	a30 流量转换	I9 最有作用力的还是与其他有影响力的公众号进行转发推荐。在这个过程中,内容可以被更多读者看到,会有直接的流量转换
		I13 我也会看对方的影响力,阅读量低的,就没兴趣互相推荐
	a31 流量台阶	I8 不是特别清楚它的传播路径到底是什么,比如说有的文章,它的传播就特别好,有比较好的流量;有些人就比较差,差的那些一定是在你自己的私域当中传播的。但是好的那些呢,是怎么获得那一个又一个流量台阶,这个流量台阶是怎么上去的?
	a32 互相引流	I3 互相引流和推荐吧
		I9 品牌之间会有社交活动,一定程度的社交可以带来相关流量
		I12 还有一些在流量路口,只是线下的载流量入口,比如说打一个二维码让其进行关注,或者是在展会、一些明星的演唱会,还有一些我们微信公众号里边的功能,比如说投票、蜂厢有礼
	a33 留言	I5 偶尔会留言
		I9 偶尔会就一些观点在公众号下留言评论
		I14 我比较喜欢留言,但不太热衷参加号主的社群
	a34 推荐	I7 帮忙推荐别的公众号,推荐他的朋友什么的,但都是要么是商业推荐,要么是朋友推荐
		I5 将公众号推荐给周围的好友(不是所有好友,而是觉得他们可能会用到这个公众号信息的人)
		I2 主要是品牌背后的那个实体或者个人之间的关系。互相推荐;如果品牌之间有社交的话,那么我觉得互相推荐应该是比较主要的
		I12 互相推荐,好像主要是看这些企业或者是主体运营的公众号之间本身有合作,但是说建立朋友圈之类的好像没有看到过
		I14 公众号之间的品牌活动,目前来说做得不是特别好,大部分的情况下就是互推。但我也注意到,其实互推的文章,它更像是一种朋友介绍

续表

初始范畴	初始概念	原始词句
	a35 点赞、打赏	I6 有时候会在公众号发布的文章下面发表评论、点赞、点击在看、打赏
		I7 转发到朋友圈多少个点赞会抽奖什么的,还有那种有的公众号,它会给你测运势,或者是那种就是娱乐性的公众号
	a36 汇总作用	I5 转发其他期刊(如《管理世界》《心理学报》)等的文章内容,有时候甚至会汇总几个月的文章
	a37 裂变作用	I13 一些课程、有用的资料、靠分享海报之类的,好像可以产生裂变作用
	a38 隐私保护	I7 我老觉得我自己投的稿可能会暴露我的隐私,这也是我一直没有进行公号运营的原因,就是我比较担心自己隐私暴露
	a39 广告营销	I17 公众号的品牌影响力还是要大量做广告吧。因为我觉得人类都是会受到暗示的。嗯,他第一次看可能无感,第二次或许还是无感,但是第三次你让他无感就很难,所以我觉得这个就是人的一种接受暗示的从众心理吧。虽然有的人可能就是从众的程度小一点,但是无论如何,他也会受到这种影响力影响的,这就是为什么所有的品牌都需要做广告
A11 官网传播	a40 不关注公域	I5 对我个人而言,我不太使用微博,一些官网、官微的信息也很少关注,除非必须要用到这些渠道的信息,才会去关注
	a41 偏官方	I5 公共渠道传播的信息可能偏官方一些
		I10 如果是 B2B 的话,一般来说,肯定是通过微博官网或者官微的一些产品会比较合适一些
		I13 微博的流量目前还是很大的
	a42 靠谱	I17 我觉得微信公众号在公共渠道传播比较好吧,比较靠谱
	a43 覆盖面广	公共渠道覆盖面广一些。因为朋友圈对微信公众号的关注并不一定是因为内容优秀,难以维持长久的粉丝黏性。而公共渠道可以在更加宽广的范围内获得真正需要这些内容的粉丝
	a44 可信度	I3 要看公众号的影响力、可信度了

续表

初始范畴	初始概念	原始词句
	a45 精准目标市场	I4 看公号对应的用户群是什么人,然后根据他们所在的渠道找到他们精准推荐
		I7 可能还是要选准一个定位,到底是想要做一个怎样的公众号,然后在自己的目标市场里面扩大影响力
		I8 首先要把自己的目标粉丝确定下来
	a46 传播沟通方式	I6 不是单向的传播沟通
A12 朋友圈传播	a47 信任	I1 肯定是私域渠道更容易获得信任。我目前没有在公众号的链接里买东西,除非我对这个公众号非常信任
		I7 就觉得我信任的人推荐给我的东西,我愿意去打开,即使我不太喜欢公众号,我也会多看几天,然后确认我确实不喜欢,才会不看公众号。我很大程度上会经常去看同学推荐给我的和朋友推荐给我的公众号
		I10 如果是我很喜欢的一个公众号,那么其实他的推荐,当然相对来说爱屋及乌,会容易接受一些
	a48 感兴趣	I5 通过朋友圈等私域渠道看到某些公众号的文章、信息等,如果感兴趣,就会主动去关注
	a49 稳定的社交网络	I5 与公共渠道传播相比,会形成稳定的社交网络
		I5 私域渠道传播更有效地增加了人与人之间的互动
		I5 慢慢地会形成一个网络,逐渐影响更多的人
	a50 更个性化	I5 私域渠道传播的信息可能更个性化,言论、观点等更自由,内容更丰富
		I7 我觉得一对一的转发或者是我自己的朋友转发对我来说采纳度会更高
	a51 效率高,针对性强	I6 私域的传播可能效率更高一点,就是针对性更强一些
	a52 方便	I12 我觉得方便。还有一个就是像微博官网也好,官微也好,它们都有自己相对的粉丝,每个人也有自己的侧重点,因为每个人的精力也都有限,不可能在微博和微信公众号之间不停地切换。像我关注的微信公众号和我关注的微博,基本上很少有重合

续表

初始范畴	初始概念	原始词句
	a53 朋友圈	I14 现在朋友圈算是一个很好的传播渠道,因为朋友圈大家都是同样的朋友,他关心的东西可能你比较喜欢
	a54 长时间经营	I14 一对一的传播或者通过朋友圈,这种需要很长时间的经营
	a55 受重视	I5 大家都非常关心自己认识的朋友圈,或者是认识的朋友,里面的一对一转发,感觉更加受重视
A13 公众号的品牌特征	a56 展示平台	I1 如果运营得好,则应该是可以的,因为公众号就是一个展示平台
	a57 识别度	I3 顾客购买和识别度,顾客买这个而不是那个,说明产品之间一定是有区别的
		I11 因为好的微信公众号本身就是一个标志、一个优质信息的入口
	a58 有特色	I5 不同的公众号推送的内容各不相同,有自己的特色
		I14 有鲜明的人和特征。这个特性的他就是品牌
		I19 公众号具备一个品牌的特征和要素
	a59 统一调性	I4 因为绝大多数有自己统一的调性
	a60 各自不同的名称	I5 美国市场营销协会将品牌定义为"一个名称、术语、标志、符号或设计,或者是它们的结合体,用以识别某个销售商的产品和服务"。原因有:(1)这些公众号有各自(不同)的名称、logo 标志、介绍等;(2)这些公众号的内容算是他们的产品和服务;(3)不同的公众号推送的内容各不相同,有自己的特色
	a61 品牌特征和形象	I6 具备品牌的特征和形象
	a62 接触点	I7 微信公众号是一个接触点,是连接我和某些人或者某个人的接触点
	a63 流量要求	I8 微信公众号起步往往是个人号,但随着优质内容吸引越来越多读者关注,流量聚集以后会向机构化运作转型,机构化运作后便会追求"品牌化"(流量要求)
	a64 附加期待值	I8 公众号会逐渐承载一些附加的期待值,例如"×××出品,必属精品"这类话语出来以后,就会在无形中赋予一种"品牌感"

续表

初始范畴	初始概念	原始词句
A14 线上社群社交	a65 高质量微信群	I11 最关注线上的高质量微信群(通过微信公众号进入这个号组织的高质量微信群,但是如果质量不高的话,参加之后则也会主动退出)
	a66 专业论坛	I12 因为专业论坛聚集的是真正需要内容的专业人士,这些专业人士因为某种强烈的动因对某个领域的信息有渴望、有诉求;而且某个领域的专业人士对微信公众号的评价也更客观,通过专业论坛对品牌影响力更直接
	a67 建立社群	I9 在互动交流方面,可以建立相关社群,与核心读者进行交流
		I14 我觉得社群是一个比较强品牌的一个阵地。这就是那个比较强势的品牌阵地,就是因为社群的交流
	a68 运营者社交	I8 我觉得品牌之间没有社交,它们的运营者之间会有社交
A15 关系社交	a69 关系强度	I8 用户和微信公众号之间的摄入度或者是关系的强度。如果他是社交关系的话,则这个关系的强度会增强,如果社品牌社交多的话,则会增强顾客和用户与公众号之间的关系,但是品牌的影响力可能会对用户增加
		I14 我觉得很明白,谁跟我关系更好一些,我就站谁的队。这当中,因为是非曲直,谁都说不清楚的。这个就是只要利益相关方法是你跟谁的关系更好,一定也是跟这个有关啊,更紧密一些
	a70 弱聚集效应	I11 公众号这件事情上。他没有那么强的聚集效应,就是哪怕在一个群里你做直播啊,我自己也做过。就是一个群里做直播,他的跟课率 10% 就不错啦,他不像是一个线下活动,就是基本上 100 个人在那儿,80 个人都是专心致志,这个很不一样
	a71 潜在用户	I12 因为他只是和他的用户互动,并没有和潜在用户或者是和一些目标顾客整个群体互动,必须关注以后才会有互动,所以可能作用不大
A16 线下社群社交	a72 安全有保障	I5 如果是我认识的公号运营者组织的线下聚会,我应该会参加,这类聚会的安全性应该是有保障的

续表

初始范畴	初始概念	原始词句
	a73 官方组织	I5 官方微信公众号发布的集体活动,比如马拉松、电影节等,应该也会去参加。学习交流的品牌社交对微信公众号的品牌影响力比较大。一般在博士阶段,学术交流的圈子比较小,大家关注的学习公众号会有很多相同之处;在学习交流中,大家会因为这些共同之处变得关系更亲近,有助于扩大自己的"圈子"
	a74 感兴趣	I10 如果对这个主题很感兴趣,很适合我当前的一个关注点,那么有可能会去
	A75 信息安全、人身安全	I5 对于不认识或者不知名的公众号,如果组织线下聚会,则我应该不会参加。重点还是考虑信息安全可靠性、自身的安全性等
	a76 缺乏动力	I7 我不会给他们输出什么内容,我只是一个信息的接受者,可能年纪大了,所以我没有动力去参加他们的线下聚会。我只是喜欢他们的内容,其实我也不太会跟他们投稿或者分享
	a77 适时开展	I6 适当适时开展线下活动。线下活动更加贴近网民。线上线下的结合会形成更好的体验
	a78 个性决定	I12 我不会去,主要的原因是我的个性使然,另外还有时间、距离这些因素
	a79 无额外信息	I12 因为觉得我在线上获取的信息就已经够了,而不需要线下交流,我也可以完全获得信息
	a80 拓展商业圈	I11 因为这是拓展商业圈的一个性价比比较高的方法
A17 品牌特点鲜明	a81 风格清晰	I14 和以前不同,不再是一个网站独霸所有的内容。比如 B 站的风格是非常清晰、明确的,已经有了,抖音也是
	a82 名字独特	I5 我给公众号起个独特的名字,标明公众号推荐的信息属于哪一类(定位,找准自己公众号的目标受众是谁)
	a83 提供价值	I2 提供你的价值,然后让他们有比较大的流量和粉丝的公众号来推荐你的公众号,这样的话,可以比较快地扩大自己公众号的影响力
A18 品牌联想	a84 品牌延伸	I2 品牌社交有点类似于品牌延伸,但是品牌延伸是借助自己已有品牌的影响力来进行扩展
		I10 对公司的公众号来说,更多的是一个品牌延伸

初始范畴	初始概念	原始词句
	a85 站在别的品牌的光环下	I2 这个品牌社交有点像借助于其他品牌的影响力来扩展自己的影响力,有点像站在别的品牌的光环下的那种感觉
	a86 品牌联想	I2 通过建立自己的品牌与其他品牌之间的联系,来扩展自己品牌的影响力
A19 品牌互动	a87 负面信息	I2 也要注意所选择的品牌,是否可能发生负面的信息
		I7 如果我喜欢的公众号,在他发文章抨击别人的时候,我真的不会看,就会很相信他的话。他如果骂别人或者谴责别人的话,他谴责的对象我一定会也很讨厌
		I7 品牌之间互掐或者是互相推荐,是两个相反的作用,一个会降低它的品牌影响力,另外一个可能会增加它的品牌影响力,然后产生作用的原因或者过程肯定扩大用户接触数量,然后扩大覆盖面,所以会增加;如果互掐的话,则会缩小,会带来负面影响,从而减少品牌的影响力
	a88 真诚运营	I7 在运营方面要比较真诚,然后也要比较注意自己的知识产权,还有粉丝,如果有粉丝投稿的话,则要注重粉丝的隐私保护等方面
	a89 提高品质	I14 可是如果是为了扩大影响力的话,最重要的还是要提高微信公众号本身的品质,也就是它本身的服务内容是最重要的
A20 用户黏性	a90 粉丝黏性	I12 一些达人推荐的或者是一些群主推荐的,因为更应该具有黏合度
		I11 因为微信公众号的盈利模式之一就是通过社交互动来获取更多的粉丝和流量,强化读者黏性。微信公众号之间的互动也是达到这个目标的手段之一
A21 寻求反馈	a91 僵尸粉	I14 我平时的经验告诉我,我们通过一些展会活动或者是推广,加入的粉丝很多,但其实是"死粉",就是说加入以后,可能过一段时间他就退出了,或者说他根本就不会来跟你互动,或者对你的任何的活动产品有任何的反应
	a92 培育深度粉丝	I8 我认为拥有一些比较深度的粉丝,拥有一些比较忠实的粉丝是比较重要的,数量不是很重要,如果要扩大影响力的话,首先培养一批深度的粉丝,然后由他们利用自己的交友圈,就是真实的交友圈,而不是网络的交友圈,来扩大公众号的影响力

初始范畴	初始概念	原始词句
A21 寻求反馈	a93 寻求反馈	I5 向这些用户寻求反馈(因为与这些人比较亲近/熟悉,得到他们的建议比较容易),然后根据这些反馈对公众号进行改进
A22 忠诚感	A94 忠诚感	I2 最主要还是出于对前者的信任以及长时间关注带来的忠诚感
A23 带货能力	a95 带货能力强	I1 在公号里的链接买过东西
	a96 带货能力取决于公号影响力	I2 我觉得微信公众号有带货能力,毕竟它是一种宣传 I9 推广的方式,这个和微博、视频直播是一样的。但是这个带货能力主要取决于公众号的影响力吧
	a97 购买限量版	I4 我只买过书,而且是个人"大 V"只在微店里出售的那种
	a98 心动	I12 如果是我喜欢的一个公众号,而且宣传的产品比较能够打动我,又是我所需要的,我就会购买
	A99 缺乏直接感受	I3 我很少在网上买东西,1 年也买不了 20 次,不论互联网还是微信公众号,我喜欢看到实物,有五官感受和直觉判断后再决定买不买,而且在实体店购物的过程是一种休闲娱乐和享受,可以和真实的人打交道,而网购浪费时间,可能买到假货,可能快递会弄丢东西,没有和人交流的乐趣,退货可能麻烦
A24 价格优势	a100 比较价格	I21 但是也会做价格比较
	a101 不安全性	I5 不知道产品来源等的安全性
	a102 谨慎	I7 因为真的虽然我觉得很心动,但是行动的时候还是会比较谨慎,然后也会在其他平台进行对比,觉得确实不错才会买
	a103 不乐观	I14 微信公众号有带货能力,但是从前年开始吧,这个数据是下滑的,因为我帮这个公司经营管理过公众号,这个公司去年一年从微信公众号上可能将近损失了 2/3 的订单,所以这个趋势也不太乐观
A25 信任感	A104 信任	I2 因为之前我关注过一个人,然后他推了另外一个公众号的一篇文章,我就关注了推荐的那一个公众号。最主要还是出于对前者的信任以及长时间关注带来的忠诚感。只有我对这个公众号非常信任,并且他推荐的公众号比较有价值,我才会关注他推荐的公众号
	A105 信用风险	I2 这个互推的当中也有很多商业因素,比如说有些好客户就是收钱的,那他又增加了一层这种信用风险

附录表 A3　　　　　　选择性编码形成的典型结构关系

典型关系结构	代　码	部分原始数据
内容互动—内容社交	A1 内容有深度	I8 关注的契机都是被内容质量吸引,一些小众公众号也是部分领域内的相对"大 V",例如,凌鹏的策略笔记,在大众定义中流量并不大,但是在投资圈内属于有影响力的内容输出者
	A2 内容专业	I2 与经济方面相关的一些公众号,比如说一些财经类的新闻公众号等。如果我选择个人发布的信息公众号,一般情况下则是因为我比较信任他的专业知识
	A3 信息权威	I2 就是关注一些权威的政府部门的公众号,比如说财政部、央行,还有就是统计局。这些公众号会发布官网的一些信息,比较权威
	A4 内容丰富	I7 大信息的那种大众新闻,增加我的信息量
	A5 内容有用	I11 关注这些微信公众号主要是为了了解世界前沿的科技动态,作为商业上的信息参考
	A6 内容及时	I5 及时更新公众号内容,紧跟当前时事热点,尽可能推荐有价值的文章/资料等,做一个有深度、有高度的公众号
	A7 内容有趣	I5 娱乐会对微信公众号的品牌产生影响。我知道有些娱乐活动会在自己的微信公众号上不定期发布活动,比如,硕士博士俱乐部这个公众号,有时候会组织上海一些高校之间的联谊活动,帮助单身男女生找对象;还有些公众号发布跑步、登山等户外活动的信息,关注的人群有时会组织一些线下活动。他们有共同的兴趣爱好,会促进他们对公众号的忠诚与关注度
	A8 对内容感兴趣	I4 对相应领域感兴趣,看到一些文章内容写得好,朋友在票圈转发等就会关注。只有遇到自己感兴趣的内容才会看一看
	A9 流量"大 V"	I5 有些微信公众号会推送"大 V"写的文章等,读者在文章后面留言,能够与这些"大 V"进行直接交流,也会促进公众号的影响力
	A10 内容互动	I12 还有一些在流量路口,只是线下的载流量入口,比如说出示一个二维码让关注,或者是在展会、一些明星的演唱会。我们微信公众号里边还有一些功能,比如说投票、蜂厢有礼

续表

典型关系结构	代 码	部分原始数据
渠道互动—渠道社交	A11 官网传播	I5 对我个人而言,我不太使用微博,一些官网、官微的信息也很少关注,除非必须要用到这些渠道的信息,才会去关注
		I11 公共渠道覆盖面广一些。因为朋友圈对微信公众号的关注并不一定是因为内容优秀,难以维持长久的粉丝黏性。而公共渠道可以在更加宽广的范围内获得真正需要这些内容的粉丝
	A12 朋友圈传播	I8 现在我觉得朋友圈算是一个很好的传播渠道,因为朋友圈大家都是同样的朋友,他关心的东西可能你比较喜欢
		I5 大家都非常关心自己认识的朋友圈或者是认识的朋友,里面的一对一转发,感觉更加受重视
个性互动—个性社交	A13 公众号的 品牌特征	I7 微信公众号是一个接触点,是连接我和某些人或者某个人的接触点
		I14 我很明白,谁跟我关系更好一些,我就站谁的队。这当中,因为是非曲直谁都说不清楚的。这个就是只要利益相关方是你跟谁的关系更好,一定也是跟这个有关系啊,更紧密一些
		I8 微信公众号起步往往是个人号,但随着优质内容吸引越来越多读者关注,流量聚集以后会向机构化运作转型,机构化运作后便会追求"品牌化"(流量要求)
		I1 如果运营的好则应该可以的,因为公众号就是一个展示平台
		I3 顾客购买和识别度,顾客买这个而不是那个,说明产品之间一定是有区别的
		I11 因为好的微信公众号本身就是一个标志、一个优质信息的入口
		I14 有鲜明的人和特征。这个特性的他就是品牌
		I19 公众号具备一个品牌的特征和要素
		I4 因为绝大多数有自己统一的调性
		I5 美国市场营销协会将品牌定义为"一个名称、术语、标志、符号或设计,或者是它们的结合体,用以识别某个销售商的产品和服务"。原因有:(1)这些公众号有各自(不同)的名称、logo 标志、介绍等;(2)这些公众号的内容算是他们的产品和服务;(3)不同的公众号推送的内容各不相同,有自己的特色

续表

典型关系结构	代　码	部分原始数据
		I8 公众号会逐渐承载一些附加的期待值,例如"×××出品,必属精品"这类话语出来以后,就会在无形中赋予一种"品牌感"
品牌互动—品牌社交	A14 线上社群社交	I11 因为专业论坛聚集的是真正需要内容的专业人士,这些专业人士因为某个强烈的动因对某个领域的信息有渴望、有诉求;而且某个领域的专业人士对微信公众号的评价也更客观,通过专业论坛对品牌影响力更直接
	A15 关系社交	I8 用户和微信公众号之间的摄入度或者是关系的强度。如果他是社交关系的话,则这个关系的强度会增强;如果社交品牌社交多的话,则会增强顾客与用户和公众号之间的关系,但是品牌的影响力可能会对用户增加
	A16 线下社群社交	I5 官方微信公众号发布的集体活动,比如马拉松、电影节等,应该也会去参加。学习交流的品牌社交对微信公众号的品牌影响力比较大。一般在博士阶段,学术交流的圈子比较小,大家关注的学习公众号会有很多相同之处;在学习交流中,大家会因为这些共同之处变得关系更亲近,有助于扩大自己的"圈子"

附录 B 微信公众号的品牌社交对品牌影响力的作用问卷

您好！我是上海财经大学市场营销方向的博士研究生，正在研究微信公众号的品牌社交对其品牌影响力的作用，衷心希望您能帮助完成该调查问卷。本次调查采用匿名填表方式，因此您的个人信息完全保密，问卷调查的结果仅仅用于该项课题研究的数据分析。该调查问卷中所有问题的答案不分对错，请您根据自身情况加以选择。题量有点大，感谢您的耐心。衷心感谢您的帮助！

第一部分

1.您的性别［单选题］*

○男 　　　　　　　　　　　　　○女

2.您的年龄［单选题］*

○25 岁以下　　○26－35 岁　　○36－45 岁　　○45 岁以上

3.您的最高学历［单选题］*

○高中/中专及以下　　　　　　　○大专

○本科　　　　　　　　　　　　　○硕士及以上

4.您的职业［单选题］*

○在校生　　○国有公司职员　　○外企职员　　○私营职业者

○公务员　　○专业技术人员（医生、教师等）　　○自由职业者

○个体工商户　　○其他_____

5.您的婚姻状况［单选题］*

○已婚　　　　○未婚　　　　○其他_____

6.您的月收入［单选题］*

○6 000 元及以下　　　　　　　○6 001－10 000 元

○10 000－20 000 元　　　　　　○20 000 元以上

7.您关注的微信公众号的数量有［单选题］*

○5—10　　　　○11—20　　　　○21—30　　　　○30 个以上

8. 下列这些公众号您关注过吗？［多选题］*

□洞见　　　　□十点读书　　　□军武次位面　　□局座召忠

□丁香医生　　□院长在线　　　杭州交通 918　　□新闻夜航

□环球旅行　　□东京新青年　　□中国教育报　　□中国日报双语新闻

□娱乐在线　　□新浪娱乐　　　□以上都没有关注过

9. 您关注的公众号是哪类公众号？［多选题］*

□文化　　　　□健康　　　　　□教育　　　　　□娱乐

□旅行　　　　□时尚　　　　　□美食　　　　　□购物

□科技　　　　□职场　　　　　□生活　　　　　□其他_____

10. 您每天阅读公众号文章及相关链接的时间约为［单选题］*

○30 分钟以下　　　　　　　　　○30 分钟—1 小时

○1—2 小时　　　　　　　　　　○2 小时以上

11. 迄今为止，在所有微信公众号中的总消费金额（如购买其推荐产品、付费订阅、会员费等）［单选题］*

○0—500 元　　　　　　　　　　○501—1 000 元

○1 001—5 000 元　　　　　　　○5 001—10 000 元

○10 000 元以上

第二部分

12. 请按照您的认可程度打分。1 分表示很不认可，5 分表示很认可（矩阵量表题）。

测　项	1	2	3	4	5
公众号平均阅读量很重要	○	○	○	○	○
公众号平均在看（点赞）数很重要	○	○	○	○	○
公众号最高阅读量很重要	○	○	○	○	○
公众号最高在看（点赞）数很重要	○	○	○	○	○
我几乎每天都来浏览我喜欢的公众号	○	○	○	○	○
我不会轻易否定我喜欢的公众号	○	○	○	○	○
同样的产品推荐，我会考虑从我喜欢的公众号平台下单	○	○	○	○	○

续表

测　项	1	2	3	4	5
我购买微信公众号推荐的产品可能性很大	○	○	○	○	○
需要该类产品时我会首先考虑从此微信公众号推荐的产品中购买	○	○	○	○	○
我极有意愿购买公众号推荐的产品	○	○	○	○	○

第三部分

13. 请按照您的认可程度打分。1 分表示很不认可,5 分表示很认可(矩阵量表题)。

测　项	1	2	3	4	5
微信公众号提供的信息语言表达规范	○	○	○	○	○
微信公众号内容的原创数较多	○	○	○	○	○
微信公众号在某一领域具有丰富经验	○	○	○	○	○
微信公众号发布的内容令人享受	○	○	○	○	○
我控制不住自己反复打开微信公众号的行为	○	○	○	○	○
我现在花在微信公众号上的时间,比我一开始接触它的时候多	○	○	○	○	○
我经常参与呼应公众号所分享信息的讨论	○	○	○	○	○
通过与微信公众号的交流互动,我会转发其传播的信息	○	○	○	○	○
我会经常回复我喜欢的微信公众号作者	○	○	○	○	○

14. 请按照您的认可程度打分。1 分表示很不认可,5 分表示很认可(矩阵量表题)。

测　项	1	2	3	4	5
公域传播的信息更具真实性,值得信任	○	○	○	○	○
我愿意接收、分享来自官方渠道的信息	○	○	○	○	○
公域的传播让我乐于与共同喜欢同一公众号的人交流	○	○	○	○	○
我经常转发和阅读好友分享的文章	○	○	○	○	○

续表

测 项	1	2	3	4	5
有需要时,我会向我的微信好友或公众号咨询相关信息	○	○	○	○	○
我希望我关注的公众号能得到其他使用者的评论和转发	○	○	○	○	○

15. 请按照您的认可程度打分。1 分表示很不认可,5 分表示很认可(矩阵量表题)。

测 项	1	2	3	4	5
微信公众号的内容赋予了部分其品牌独特的个性	○	○	○	○	○
微信公众号有各自的品牌特征	○	○	○	○	○
我从微信公众号中找到类似友谊和交往的感觉	○	○	○	○	○
我愿意与微信公众号的作者和回复成员对话沟通,交流感情,建立关系	○	○	○	○	○
我在社群提出的话题,可获得其他成员的积极响应	○	○	○	○	○
我经常参与微信公众号社群中其他社群成员的话题,共同讨论,相互帮助	○	○	○	○	○

第四部分

16. 请按照您的认可程度打分。1 分表示很不认可,5 分表示很认可(矩阵量表题)。

测 项	1	2	3	4	5
我喜欢的公众号的承诺是可靠的	○	○	○	○	○
我相信微信公众号传达出的信息或推荐的产品	○	○	○	○	○
我相信公众号中的打折、促销、抽奖等信息和活动	○	○	○	○	○